pedagogia da autonomia

PEDAGOGIA DA AUTONOMIA
Saberes necessários à prática educativa

PAULO FREIRE

1ª edição

Rio de Janeiro, 2021

Copyright © Editora Villa das Letras

Direitos de edição da obra em língua portuguesa no Brasil adquiridos pela EDITORA PAZ E TERRA. Todos os direitos reservados. Nenhuma parte desta obra pode ser apropriada e estocada em sistema de banco de dados ou processo similar, em qualquer forma ou meio, seja eletrônico, de fotocópia, gravação etc., sem a permissão do detentor do copyright.

Projeto gráfico de capa e miolo: Patricia Chmielewski
Ilustração: Shiko Chico

Editora Paz e Terra Ltda.
Rua Argentina, 171 – Rio de Janeiro – 20921-380 – Tel: (21) 2585-2000.
www.record.com.br

Seja um leitor preferencial Record.
Cadastre-se em www.record.com.br e receba informações sobre nossos lançamentos e nossas promoções.

Atendimento e venda direta ao leitor:
sac@record.com.br

Texto revisado segundo o novo Acordo Ortográfico da Língua Portuguesa.

CIP-BRASIL. CATALOGAÇÃO NA PUBLICAÇÃO
SINDICATO NACIONAL DOS EDITORES DE LIVROS, RJ

F934p

Freire, Paulo, 1921-1997
Pedagogia da autonomia : saberes necessários à prática educativa / Paulo Freire. — 1. ed. — Rio de Janeiro : Paz e Terra, 2021.
144p.

ISBN 978-65-5548-024-5

1. Prática de ensino. 2. Professores — Formação. I. Título.

21-71344   CDD: 370.71
                                                CDU: 37.026

Leandra Felix da Cruz Candido — Bibliotecária — CRB-7/6135

Impresso no Brasil
2021

A Ana Maria, minha mulher, com alegria e amor.

Paulo Freire

A Fernando Gasparian, a cujo gosto da rebeldia e a cuja disponibilidade à luta pela liberdade e pela democracia muito devemos.

Paulo Freire

À memória de Admardo Serafim de Oliveira.

Paulo Freire

A João Francisco de Souza, intelectual cujo respeito ao saber de senso comum jamais o fez um basista e cujo acatamento à rigorosidade científica jamais o tornou um elitista, e a Inês de Souza, sua companheira e amiga, com admiração de

Paulo Freire

A Eliete Santiago, em cuja prática docente ensinar jamais foi transferência de conhecimento feita pela educadora aos alunos. Ao contrário, para ela, ensinar é uma aventura criadora.

Paulo Freire

Aos educandos e educandas, às educadoras e educadores do Projeto Axé, de Salvador da Bahia, na pessoa de seu incansável animador Cesare de La Roca, com minha profunda admiração.

Paulo Freire

Angela Antunes Ciseski, Moacir Gadotti, Paulo Roberto Padilha e Sônia Couto, do Instituto Paulo Freire, com meus agradecimentos pelo excelente trabalho de organização dos capítulos desta *Pedagogia da autonomia*.

Paulo Freire

Gostaria igualmente de agradecer a Christine Röhrig e à equipe de produção e revisão da Paz e Terra a dedicação com relação não só a este, como a outros livros meus.

Paulo Freire

Sumário

NOTA DA EDITORA	9
PRIMEIRAS PALAVRAS	11
1. PRÁTICA DOCENTE: PRIMEIRA REFLEXÃO	21
1.1 Ensinar exige rigorosidade metódica	26
1.2 Ensinar exige pesquisa	28
1.3 Ensinar exige respeito aos saberes dos educandos	29
1.4 Ensinar exige criticidade	30
1.5 Ensinar exige estética e ética	31
1.6 Ensinar exige a corporificação das palavras pelo exemplo	33
1.7 Ensinar exige risco, aceitação do novo e rejeição a qualquer forma de discriminação	35
1.8 Ensinar exige reflexão crítica sobre a prática	37
1.9 Ensinar exige o reconhecimento e a assunção da identidade cultural	39

2. ENSINAR NÃO É TRANSFERIR CONHECIMENTO 45

2.1 Ensinar exige consciência do inacabamento 48

2.2 Ensinar exige o reconhecimento de ser condicionado 53

2.3 Ensinar exige respeito à autonomia do ser do educando 58

2.4 Ensinar exige bom senso 59

2.5 Ensinar exige humildade, tolerância e luta em defesa dos direitos dos educadores 64

2.6 Ensinar exige apreensão da realidade 67

2.7 Ensinar exige alegria e esperança 70

2.8 Ensinar exige a convicção de que a mudança é possível 74

2.9 Ensinar exige curiosidade 81

3. ENSINAR É UMA ESPECIFICIDADE HUMANA 89

3.1 Ensinar exige segurança, competência profissional e generosidade 90

3.2 Ensinar exige comprometimento 94

3.3 Ensinar exige compreender que a educação é uma forma de intervenção no mundo 96

3.4 Ensinar exige liberdade e autoridade 101

3.5 Ensinar exige tomada consciente de decisões 106

3.6 Ensinar exige saber escutar 109

3.7 Ensinar exige reconhecer que a educação é ideológica 120

3.8 Ensinar exige disponibilidade para o diálogo 128

3.9 Ensinar exige querer bem aos educandos 136

Nota da editora

O centenário de Paulo Freire é um marco na história do Brasil. Há 100 anos nascia o brasileiro que escreveria a terceira obra de ciências sociais e humanas mais citada no mundo inteiro, se tornaria um dos filósofos mais relevantes do século XX e o Patrono da Educação Brasileira.

Paulo Freire tem seu nome muito presente em nosso debate político atual. Sua imagem está devidamente difundida em pôsteres, muros, adesivos e camisetas – porém, o que dizer sobre suas obras? Têm sido igualmente lidas e repercutidas? Seu legado em livros é gigante, em todos os aspectos, são mais de trinta títulos, cada um, a seu modo, relevante e necessário. Se todo brasileiro que admira Paulo Freire, que sabe de sua importância e que veste sua camisa, lesse seus livros e espalhasse suas palavras, será que estaríamos vivendo tempos tão obscurantistas no país?

É com a certeza de que as palavras de Paulo têm o poder de nos fazer melhores, mais humanos, ao mesmo tempo mais críticos e também mais empáticos, que a Paz e Terra preparou esta edição especial. *Pedagogia da autonomia* é um livro conciso, de poucas páginas e muitas lições. Aqui Paulo Freire defende o pensar, louva a liberdade, prega a amorosidade, exalta a autenticidade. Ensina cada um a Ser Mais.

Talvez por ter sido o último livro de Paulo Freire publicado em vida, *Pedagogia da autonomia* é uma espécie de síntese de suas ideias. Só mesmo a maturidade para fazer com que se chegue cirurgicamente ao ponto de maneira tão direta, simples e contundente. É de extrema generosidade a escrita desta obra ser tão acessível, com frases que soam como um abraço que acolhe e também como um chamamento à ação que inflama. Nós nos sentimos ao mesmo tempo acolhidos e também atiçados por essa narrativa, que ora é poética, ora é política, e o tempo todo é transformadora.

O impacto de certas frases é tamanho que o projeto gráfico desenvolvido se propôs justamente a tornar as palavras de Paulo as grandes protagonistas desta edição especial. Em alguns momentos no livro, frases importantes ganharam destaque, para que, deslocadas do texto, gerem reflexão. E há também páginas especiais que podem ser retiradas para se tornarem cartazes a exibir as ideias de Paulo para além do livro. A intenção é mesmo fazer com que elas extrapolem sua obra, projetem sua escrita.

Se os tempos andam duros, implacáveis, façamos com que ecoe esta obra-prima em prol de uma existência digna, justa. Ler *Pedagogia da autonomia* é quase como ser embalado, acariciado, pela lucidez de Paulo Freire. É como se estivéssemos junto de Paulo, ouvindo sua voz. Nita Freire bem definiu essa sensação: "Quanto mais nos aprofundamos na leitura deste livro, mais percebemos que Paulo se fez texto! O seu bem-querer pelos seres humanos, a gentidade de seu eu pessoa/eu educador e a sua fé na educação estão vivamente presentes."

Paulo Freire está aqui presente, vivo, vivíssimo. Que sua permanência por meio da escrita se mantenha firme, perene. Assim ganhamos todos, cada um de nós, sujeitos da história. A obra de Paulo Freire é para todos.

PRIMEIRAS PALAVRAS

Formar é muito mais do que puramente *treinar* o educando no desempenho de destrezas, e por que não dizer também da quase obstinação com que falo de meu interesse por tudo o que diz respeito aos homens e às mulheres, assunto de que saio e a que volto com o gosto de quem a ele se dá pela primeira vez. Daí a crítica permanentemente presente em mim à malvadez neoliberal, ao cinismo de sua ideologia fatalista e à sua recusa inflexível ao sonho e à utopia.

Daí o tom de raiva, legítima raiva, que envolve o meu discurso quando me refiro às injustiças a que são submetidos os esfarrapados do mundo.

A questão da formação docente ao lado da reflexão sobre a prática educativo-progressiva em favor da autonomia do ser dos educandos é a temática central em torno de que gira este texto. Temática a que se incorpora a análise de saberes fundamentais àquela prática e aos quais espero que o leitor crítico acrescente alguns que me tenham escapado ou cuja importância não tenha percebido.

Devo esclarecer aos prováveis leitores e leitoras o seguinte: na medida mesma em que esta vem sendo uma temática sempre presente às minhas preocupações de educador, alguns dos aspectos aqui discutidos não têm sido estranhos a análises feitas em livros meus anteriores. Não creio, porém, que a retomada de problemas entre um livro e outro e no corpo de um mesmo livro enfade o leitor. Sobretudo quando a retomada do tema não é pura repetição do que já foi dito. No meu caso pessoal, retomar um assunto ou tema tem que ver principalmente com a marca oral de minha escrita. Mas tem que ver também com a relevância que o tema de que falo e a que volto tem no conjunto de objetos a que direciono minha curiosidade. Tem que ver também com a relação que certa matéria tem com outras que vêm emergindo no desenvolvimento de minha reflexão. É neste sentido, por exemplo, que me aproximo de novo da questão da inconclusão do ser humano, de sua inserção num permanente movimento de procura, que rediscuto a curiosidade ingênua e a crítica, virando epistemológica. É nesse sentido que reinsisto em que *formar* é muito mais do que puramente *treinar* o educando no desempenho de destrezas, e por que não dizer também da quase obstinação com que falo de meu interesse por tudo o que diz respeito aos homens e às mulheres, assunto de que saio e a que volto com o gosto de quem a ele se dá pela primeira vez. Daí a crítica permanentemente presente em mim à malvadez neoliberal, ao cinismo de sua ideologia fatalista e à sua recusa inflexível ao sonho e à utopia.

Daí o tom de raiva, legítima raiva, que envolve o meu discurso quando me refiro às injustiças a que são submetidos os esfarrapados do mundo. Daí o meu nenhum interesse de, não importa que ordem, assumir um ar de observador imparcial, objetivo, seguro, dos fatos e dos acontecimentos. Em tempo algum pude ser um observador "acinzentadamente" imparcial, o que, porém, jamais me afastou de uma posição rigorosamente ética. Quem observa o faz de um certo ponto de vista, o que não situa o observador em erro. O erro na verdade não é ter um certo ponto de vista, mas absolutizá-lo e desconhecer que, mesmo do acerto de seu ponto de vista, é possível que a razão ética nem sempre esteja com ele.

O meu ponto de vista é o dos "condenados da Terra", o dos excluídos. Não aceito, porém, em nome de nada, ações terroristas, pois que delas resultam a morte de inocentes e a insegurança de seres humanos. O terrorismo nega o que venho chamando de *ética universal* do ser humano. Estou com os árabes na luta por seus direitos, mas não pude aceitar a malvadez do ato terrorista nas Olimpíadas de Munique.

Gostaria, por outro lado, de sublinhar a nós mesmos, professores e professoras, a nossa responsabilidade ética no exercício de nossa tarefa docente. Sublinhar esta responsabilidade igualmente àquelas e àqueles que se acham em formação para exercê-la. Este pequeno livro se encontra cortado ou permeado em sua totalidade pelo sentido da necessária eticidade que conota expressivamente a natureza da prática educativa, enquanto prática formadora. Educadores e educandos não podemos, na verdade, escapar à rigorosidade ética. Mas é preciso deixar claro que a ética de que falo não é a ética menor, restrita, do mercado, que se curva obediente aos interesses do lucro. Em escala internacional começa a aparecer uma tendência em acertar os reflexos cruciais da "nova ordem mundial" como naturais e inevitáveis. Num encontro internacional de ONGs, um dos expositores afirmou estar ouvindo com certa frequência em países do Primeiro Mundo a ideia de que crianças do Terceiro Mundo, acometidas por doenças como diarreia aguda, não deveriam ser salvas, pois tal recurso só prolongaria uma vida já destinada à miséria e ao sofrimento.[1] Não falo, obviamente, dessa ética. Falo, pelo contrário, da ética universal do ser humano. Da ética que condena o cinismo do discurso citado anteriormente, que condena a exploração da força de trabalho do ser humano, que condena acusar por ouvir dizer, afirmar que alguém falou A sabendo que foi dito B, falsear a verdade, iludir o incauto, golpear o fraco e indefeso, soterrar o sonho e a utopia, prometer sabendo que não cumprirá a promessa, testemunhar mentirosamente, falar mal dos outros pelo gosto de falar mal. A ética de que falo é a que se sabe traída e negada nos comportamentos grosseiramente imorais como na perversão hipócrita da *pureza* em *puritanismo*. A ética de que falo é a que se sabe afrontada na manifestação discriminatória de raça, de gênero, de classe. É por esta ética inseparável da prática educativa, não importa se trabalhamos com crianças, jovens ou com adultos, que devemos lutar. E a melhor maneira de por ela lutar é vivê-la em nossa prática, é testemunhá-la, vivaz, aos educandos em nossas relações com eles. Na maneira como lidamos com os conteúdos que ensinamos, no modo como citamos autores de cuja obra discordamos ou com cuja obra concordamos. Não podemos basear nossa crítica a um autor na leitura feita por cima de uma ou outra de suas obras. Pior ainda, tendo lido apenas a crítica de quem só leu a contracapa de um de seus livros.

Posso não aceitar a concepção pedagógica deste ou daquela autora, e devo inclusive expor aos alunos as razões por que me oponho a ela, mas o que não posso, na

---

1. Regina L. Garcia e Víctor V. Valla, "A fala dos excluídos". Cadernos Cede, 38, 1996.

minha crítica, é mentir. É dizer inverdades em torno deles. O preparo científico do professor ou da professora deve coincidir com sua retidão ética. É uma lástima qualquer descompasso entre aquela e esta. Formação científica, correção ética, respeito aos outros, coerência, capacidade de viver e de aprender com o diferente, não permitir que o nosso mal-estar pessoal ou a nossa antipatia com relação ao outro nos façam acusá-lo do que não fez são obrigações a cujo cumprimento devemos humilde, mas perseverantemente, nos dedicar.

É não só interessante mas profundamente importante que os estudantes percebam as diferenças de compreensão dos fatos; as posições às vezes antagônicas entre professores na apreciação dos problemas e no equacionamento de soluções. Mas é fundamental que percebam o respeito e a lealdade com que um professor analisa e critica as posturas dos outros.

De quando em vez, ao longo deste texto, volto a este tema. É que me acho absolutamente convencido da natureza ética da prática educativa enquanto prática especificamente humana. É que, por outro lado, nos achamos, no nível do mundo e não apenas do Brasil, de tal maneira submetidos ao comando da malvadez da ética do mercado, que me parece ser pouco tudo o que façamos na defesa e na prática da ética universal do ser humano. Não podemos nos assumir como sujeitos da procura, da decisão, da ruptura, da opção, como sujeitos históricos, transformadores, a não ser assumindo-nos como sujeitos éticos. Neste sentido, a transgressão dos princípios éticos é uma possibilidade mas não é uma virtude. Não podemos aceitá-la.

Não é possível ao sujeito ético viver sem estar permanentemente exposto à transgressão da ética. Uma de nossas brigas na história, por isso mesmo, é exatamente esta: fazer tudo o que possamos em favor da eticidade, sem cair no moralismo hipócrita, ao gosto reconhecida-

ensinar exige
RIGORO
SIDADE
me
tó
dica

Paulo Freire

mente farisaico. Mas faz parte igualmente desta luta pela eticidade recusar, com segurança, as críticas que veem na defesa da ética precisamente a expressão daquele moralismo criticado. Em mim, a defesa da ética jamais significou sua distorção ou negação.

Quando, porém, falo da ética universal do ser humano estou falando da ética enquanto marca da natureza humana, enquanto algo absolutamente indispensável à convivência humana. Ao fazê-lo estou advertido das possíveis críticas que, infiéis a meu pensamento, me apontarão como ingênuo e idealista. Na verdade, falo da ética universal do ser humano da mesma forma como falo de sua vocação ontológica para o *Ser Mais*, como falo de sua natureza constituindo-se social e historicamente não como um *a priori* da história. A natureza que a ontologia cuida se gesta socialmente na história. É uma natureza em processo de estar sendo com algumas conotações fundamentais sem as quais não teria sido possível reconhecer a própria presença humana no mundo como algo original e singular. Quer dizer, mais do que um ser no mundo, o ser humano se tornou uma presença no mundo, com o mundo e com os outros. Presença que, reconhecendo a outra presença como um "não eu", se reconhece como "si própria". Presença que se pensa a si mesma, que se sabe presença, que intervém, que transforma, que fala do que faz mas também do que sonha, que constata, compara, avalia, valora, que decide, que rompe. E é no domínio da decisão, da avaliação, da liberdade, da ruptura, da opção, que se instaura a necessidade da ética e se impõe a responsabilidade. A ética se torna inevitável e sua transgressão possível é um desvalor, jamais uma virtude.

Na verdade, seria incompreensível se a consciência de minha presença no mundo não significasse já a impossibilidade de minha ausência na construção da própria presença. Como presença consciente no mundo não posso escapar à responsabilidade ética no meu mover-me no mundo. Se sou puro produto da determinação genética ou cultural, ou de classe, sou irresponsável pelo que faço no mover-me no mundo, e se careço de responsabilidade não posso falar em ética. Isso não significa negar os condicionamentos genéticos, culturais, sociais a que estamos submetidos. Significa reconhecer que somos seres *condicionados* mas não *determinados*. Reconhecer que a história é tempo de possibilidade e não de *determinismo*, que o futuro, permita-se-me reiterar, é *problemático* e não inexorável.

Devo enfatizar também que este é um livro esperançoso, um livro otimista, mas não ingenuamente construído de otimismo falso e de esperança vã. As pessoas, porém, inclusive de esquerda, para quem o futuro perdeu sua problematicidade — o futuro é um dado dado —, dirão que ele é mais um devaneio de sonhador inveterado.

Não tenho raiva de quem assim pensa. Lamento apenas sua posição: a de quem perdeu seu endereço na história.

A ideologia fatalista, imobilizante, que anima o discurso neoliberal anda solta no mundo. Com ares de pós-modernidade, insiste em convencer-nos de que nada podemos contra a realidade social que, de histórica e cultural, passa a ser ou a virar "quase natural". Frases como "a realidade é assim mesmo, que podemos fazer?" ou "o desemprego no mundo é uma fatalidade do fim do século" expressam bem o fatalismo desta ideologia e sua indiscutível vontade imobilizadora. Do ponto de vista de tal ideologia, só há uma saída para a prática educativa: adaptar o educando a esta realidade que não pode ser mudada. O de que se precisa, por isso mesmo, é o treino técnico indispensável à adaptação do educando, à sua sobrevivência. O livro com que volto aos leitores é um decisivo não a esta ideologia que nos nega e amesquinha como gente.

De uma coisa qualquer texto necessita: que o leitor ou a leitora a ele se entregue de forma crítica, crescentemente curiosa. É isto o que este texto espera de você, que acabou de ler estas "Primeiras palavras".

Paulo Freire
São Paulo
Setembro de 1996

Quem ensina aprende ao ensinar e quem aprende ensina ao aprender. Quem ensina ensina alguma coisa a alguém. É por isso que, do ponto de vista gramatical, o verbo ensinar é um verbo transitivo relativo. [...] Ensinar inexiste sem aprender e vice-versa.

1.
PRÁTICA DOCENTE: PRIMEIRA REFLEXÃO

Devo deixar claro que, embora seja meu interesse central considerar neste texto saberes que me parecem indispensáveis à prática docente de educadoras ou educadores críticos, progressistas, alguns deles são igualmente necessários a educadores conservadores. São saberes demandados pela prática educativa em si mesma, qualquer que seja a opção política do educador ou educadora.

Na continuidade da leitura vai cabendo ao leitor ou leitora o exercício de perceber se este ou aquele saber referido corresponde à natureza da prática progressista ou conservadora ou se, pelo contrário, é exigência da prática educativa mesma independentemente de sua cor política ou ideológica. Por outro lado, devo sublinhar que, de forma não sistemática, tenho me referido a alguns desses saberes em trabalhos anteriores. Estou convencido, porém, é legítimo acrescentar, da importância de uma reflexão como esta quando penso a formação docente e a prática educativo-crítica.

O ato de cozinhar, por exemplo, supõe alguns saberes concernentes ao uso do fogão, como acendê-lo, como equilibrar para mais, para menos, a chama, como lidar com certos riscos, mesmo remotos, de incêndio, como harmonizar os diferentes temperos numa síntese gostosa e atraente. A prática de cozinhar vai preparando o novato, ratificando alguns daqueles saberes, retificando outros, e vai possibilitando que ele vire cozinheiro. A prática de velejar coloca a necessidade de saberes fundantes como o do domínio do barco, das partes que o compõem e da função de cada uma delas, como o conhecimento dos ventos, de sua força, de sua direção, os ventos e as velas, a posição das velas, o papel do motor e da combinação entre motor e velas. Na prática de velejar se confirmam, se modificam ou se ampliam esses saberes.

A reflexão crítica sobre a prática se torna uma exigência da relação Teoria/Prática sem a qual a teoria pode ir virando blá-blá-blá, e a prática, ativismo.

O que me interessa agora, repito, é alinhar e discutir alguns saberes fundamentais à prática educativo-crítica ou progressista e que, por isso mesmo, devem ser conteúdos obrigatórios à organização programática da formação docente. Conteúdos cuja compreensão, tão clara e tão lúcida quanto possível, deve ser elaborada na prática formadora. É preciso, sobretudo, e aí já vai um destes saberes indispensáveis, que o formando, desde o princípio mesmo de sua experiência formadora, assumindo-se como sujeito também da produção do saber, se convença definitivamente de que ensinar não é *transferir conhecimento*, mas criar as possibilidades para a sua produção ou a sua construção.

Se, na experiência de minha formação, que deve ser permanente, começo por aceitar que o *formador* é o *sujeito* em relação a quem me considero o *objeto*, que ele é o sujeito que *me forma*, e eu, o *objeto* por *ele formado*, me considero um paciente que recebe os conhecimentos — conteúdos — acumulados pelo sujeito que sabe e que são a mim transferidos. Nesta forma de compreender e de viver o processo formador, eu, objeto agora, terei a possibilidade, amanhã, de me tornar o *falso sujeito* da "formação" do futuro objeto de meu ato formador.

É preciso que, pelo contrário, desde os começos do processo, vá ficando cada vez mais claro que, embora diferentes entre si, quem forma se forma e re-forma ao formar e quem é formado forma-se e forma ao ser formado. É neste sentido que ensinar não é transferir conhecimentos, conteúdos, nem *formar* é ação pela qual um sujeito criador dá forma, estilo ou alma a um corpo indeciso e acomodado. Não há docência sem discência, as duas se explicam, e seus sujeitos, apesar das diferenças que os conotam, não se reduzem à condição de objeto um do outro. Quem ensina aprende ao ensinar e quem aprende ensina ao aprender. Quem ensina ensina alguma coisa a alguém. É por isso que, do ponto de vista gramatical, o verbo ensinar é um verbo transitivo relativo. Verbo que pede um objeto *direto* — *alguma coisa* — e um objeto *indireto* — a alguém. Do ponto de vista democrático em que me situo, mas também do ponto de vista da radicalidade metafísica em que me coloco e de que decorre minha compreensão do homem e da mulher como seres históricos e inacabados e sobre que se funda a minha inteligência do processo de conhecer, ensinar é algo mais que um verbo transitivo relativo. Ensinar inexiste sem aprender e vice-versa, e foi *aprendendo* socialmente que, historicamente, mulheres e homens descobriram que era possível ensinar. Foi assim, socialmente aprendendo, que ao longo dos tempos mulheres e homens perceberam que era possível — depois, preciso — trabalhar maneiras, caminhos, métodos de ensinar. Aprender precedeu ensinar ou, em outras palavras, ensinar se diluía na experiência realmente fundante de aprender. Não temo dizer que inexiste validade no ensino de que não resulta um aprendizado em que o aprendiz não se tornou capaz de recriar ou de refazer o ensinado, em que o ensinado que não foi apreendido não pode ser realmente aprendido pelo aprendiz.

Quando vivemos a autenticidade exigida pela prática de ensinar-aprender, participamos de uma experiência total, diretiva, política, ideológica, gnosiológica, pedagógica, estética e ética, em que a boniteza deve achar-se de mãos dadas com a decência e com a seriedade.

Às vezes, nos meus silêncios em que aparentemente me perco, desligado, flutuando quase, penso na importância singular que vem sendo para mulheres e homens sermos ou nos termos tornado, como constata François Jacob, "seres programados, mas para aprender".[2] É que o processo de aprender, em que historicamente descobrimos que era possível ensinar como tarefa não

---

2. François Jacob, "Nous sommes programmés, mais pour apprendre". *Le Courrier*, Unesco, fevereiro de 1991.

apenas embutida no aprender, mas perfilada em si, com relação a aprender, é um processo que pode deflagrar no aprendiz uma curiosidade crescente, que pode torná-lo mais e mais criador. O que quero dizer é o seguinte: quanto mais criticamente se exerça a capacidade de aprender, tanto mais se constrói e desenvolve o que venho chamando "curiosidade epistemológica",[3] sem a qual não alcançamos o conhecimento cabal do objeto.

É isto que nos leva, de um lado, à crítica e à recusa ao ensino "bancário",[4] de outro, a compreender que, apesar dele, o educando a ele submetido não está fadado a fenecer; em que pese o ensino "bancário", que deforma a necessária criatividade do educando e do educador, o educando a ele sujeitado pode, não por causa do conteúdo cujo "conhecimento" lhe foi transferido, mas por causa do processo mesmo de aprender, dar, como se diz na linguagem popular, a volta por cima e superar o autoritarismo e o erro epistemológico do "bancarismo".

O necessário é que, subordinado, embora, à prática "bancária", o educando mantenha vivo em si o gosto da rebeldia que, aguçando sua curiosidade e estimulando sua capacidade de arriscar-se, de aventurar-se, de certa forma o "imuniza" contra o poder apassivador do "bancarismo". Neste caso, é a força criadora do aprender de que fazem parte a comparação, a repetição, a constatação, a dúvida rebelde, a curiosidade não facilmente satisfeita, que supera os efeitos negativos do falso ensinar. Esta é uma das significativas vantagens dos seres humanos — a de se terem tornado capazes de ir mais além de seus condicionantes. Isso não significa, porém, que nos seja indiferente ser um educador "bancário" ou um educador "problematizador".

---

3. Paulo Freire, *À sombra desta mangueira*. São Paulo: Olho d'Água, 1995.
4. Idem, *Pedagogia do oprimido*. Rio de Janeiro: Paz e Terra, 1994.

1.1 ENSINAR EXIGE RIGOROSIDADE METÓDICA

O educador democrático não pode negar-se o dever de, na sua prática docente, reforçar a capacidade crítica do educando, sua curiosidade, sua insubmissão. Uma de suas tarefas primordiais é trabalhar com os educandos a rigorosidade metódica com que devem se "aproximar" dos objetos cognoscíveis. E esta rigorosidade metódica não tem nada que ver com o discurso "bancário" meramente transferidor do perfil do objeto ou do conteúdo. É exatamente neste sentido que ensinar não se esgota no "tratamento" do objeto ou do conteúdo, superficialmente feito, mas se alonga à produção das condições em que aprender criticamente é possível. E essas condições implicam ou exigem a presença de educadores e de educandos criadores, instigadores, inquietos, rigorosamente curiosos, humildes e persistentes. Faz parte das condições em que aprender criticamente é possível a pressuposição por parte dos educandos de que o educador já teve ou continua tendo experiência da produção de certos saberes e que estes não podem a eles, os educandos, ser simplesmente transferidos. Pelo contrário, nas condições de verdadeira aprendizagem os educandos vão se transformando em reais sujeitos da construção e da reconstrução do saber ensinado, ao lado do educador, igualmente sujeito do processo. Só assim podemos falar realmente de saber ensinado, em que o objeto ensinado é apreendido na sua razão de ser e, portanto, aprendido pelos educandos.

Percebe-se, assim, a importância do papel do educador, o mérito da paz com que viva a certeza de que faz parte de sua tarefa docente não apenas ensinar os conteúdos, mas também ensinar a pensar certo. Daí a impossibilidade de vir a tornar-se um professor crítico se, mecanicamente memorizador, é muito mais um repetidor cadenciado de frases e de ideias inertes do que um desafiador. O intelectual memorizador, que lê horas a fio, domesticando-se ao texto, temeroso de arriscar-se, fala de suas leituras quase como se estivesse recitando-as de memória — não percebe, quando realmente existe, nenhuma relação entre o que leu e o que vem ocorrendo no seu país, na sua cidade, no seu bairro. Repete o lido com precisão mas raramente ensaia algo pessoal. Fala bonito de dialética mas pensa mecanicistamente. Pensa errado. É como se os livros todos a cuja leitura dedica tempo farto nada devessem ter com a realidade de seu mundo. A realidade com que eles têm que ver é a realidade idealizada de uma escola que vai virando cada vez mais um *dado aí*, desconectado do concreto.

Não se lê criticamente, como se fazê-lo fosse a mesma coisa que comprar mercadoria por atacado. Ler vinte livros, trinta livros. A leitura verdadeira me compromete de imediato com o texto que a mim se dá e a que me dou e de cuja compreensão fundamental me vou tornando também sujeito. Ao ler não me acho no puro encalço da inteligência do texto como se fosse ela produção apenas de seu autor ou de sua autora. Esta forma viciada de ler não tem nada que ver, por isso mesmo, com o pensar certo e com o ensinar certo.

Só, na verdade, quem pensa certo, mesmo que, às vezes, pense errado, é quem pode ensinar a pensar certo. E uma das condições necessárias a pensar certo é não estarmos demasiado certos de nossas certezas. Por isso é que o pensar certo, ao lado sempre da pureza e necessariamente distante do puritanismo, rigorosamente ético e gerador de boniteza, me parece inconciliável com a desvergonha da arrogância de quem se acha cheia ou cheio de si mesmo.

O professor que pensa certo deixa transparecer aos educandos que uma das bonitezas de nossa maneira de estar no mundo e com o mundo, como seres históricos, é a capacidade de, intervindo no mundo, conhecer o mundo.

Mas, histórico como nós, o nosso conhecimento do mundo tem historicidade. Ao ser produzido, o conhecimento novo supera outro que antes foi novo e se fez velho e se "dispõe" a ser ultrapassado por outro amanhã.[5] Daí que seja tão fundamental conhecer o conhecimento existente quanto saber que estamos abertos e aptos à produção do conhecimento ainda não existente. Ensinar, aprender e pesquisar lidam com esses dois momentos do ciclo gnosiológico: o em que se ensina e se aprende o conhecimento já existente e o em que se trabalha a produção do conhecimento ainda não existente. A "dodiscência" — docência-discência — e a pesquisa, indicotomizáveis, são assim práticas requeridas por esses momentos do ciclo gnosiológico.

1.2 ENSINAR EXIGE PESQUISA

Não há ensino sem pesquisa e pesquisa sem ensino.[6] Esses que fazeres se encontram um no corpo do outro. Enquanto ensino continuo buscando, reprocurando. Ensino porque busco, porque indaguei, porque indago e me indago. Pesquiso para constatar, constatando, intervenho, intervindo educo e me educo. Pesquiso para conhecer o que ainda não conheço e comunicar ou anunciar a novidade.

Pensar certo, em termos críticos, é uma exigência que os momentos do ciclo gnosiológico vão pondo à curiosidade que, tornando-se mais e mais metodicamente rigorosa, transita da ingenuidade para o que venho chamando "curiosidade epistemológica". A curiosidade ingênua, de que resulta indiscutivelmente um certo saber,

---

5. A esse propósito, cf. Álvaro Vieira Pinto, *Ciência e existência*. Rio de Janeiro: Paz e Terra, 1969.

6. Fala-se hoje, com insistência, no professor pesquisador. No meu entender, o que há de pesquisador no professor não é uma qualidade ou uma forma de ser ou de atuar que se acrescente à de ensinar. Faz parte da natureza da prática docente a indagação, a busca, a pesquisa. O de que se precisa é que, em sua formação permanente, o professor se perceba e se assuma, porque professor, como pesquisador.

não importa que metodicamente desrigoroso, é a que caracteriza o senso comum. O saber de pura experiência feito. Pensar certo, do ponto de vista do professor, tanto implica o respeito ao senso comum no processo de sua necessária superação quanto o respeito e o estímulo à capacidade criadora do educando. Implica o compromisso da educadora com a consciência crítica do educando, cuja "promoção" da ingenuidade não se faz automaticamente.

1.3 ENSINAR EXIGE RESPEITO AOS SABERES DOS EDUCANDOS

Por isso mesmo pensar certo coloca ao professor ou, mais amplamente, à escola, o dever de não só respeitar os saberes com que os educandos, sobretudo os das classes populares, chegam a ela — saberes socialmente construídos na prática comunitária —, mas também, como há mais de trinta anos venho sugerindo, discutir com os alunos a razão de ser de alguns desses saberes em relação com o ensino dos conteúdos. Por que não aproveitar a experiência que têm os alunos de viver em áreas da cidade descuidadas pelo poder público para discutir, por exemplo, a poluição dos riachos e dos córregos e os baixos níveis de bem-estar das populações, os lixões e os riscos que oferecem à saúde das gentes. Por que não há lixões no coração dos bairros ricos e mesmo puramente remediados dos centros urbanos? Essa pergunta é considerada em si demagógica e reveladora da má vontade de quem a faz. É pergunta de subversivo, dizem certos defensores da democracia.

Por que não discutir com os alunos a realidade concreta a que se deva associar a disciplina cujo conteúdo se ensina, a realidade agressiva em que a violência é a constante e a convivência das pessoas é muito maior com a morte do que com a vida? Por que não estabelecer uma "intimidade" entre os saberes curriculares fundamentais aos alunos e a experiência social que eles têm como indivíduos? Por que não discutir as implicações políticas e ideológicas de um tal descaso dos dominantes pelas áreas pobres da cidade? A ética de classe embutida neste descaso? "Porque", dirá um educador reacionariamente pragmático, "a escola não tem nada que ver com isso. A escola não é partido. Ela tem que ensinar os conteúdos, transferi-los aos alunos. Aprendidos, estes operam por si mesmos."

1.4 ENSINAR EXIGE CRITICIDADE

Não há para mim, na diferença e na "distância" entre a ingenuidade e a criticidade, entre o saber de pura experiência feito e o que resulta dos procedimentos metodicamente rigorosos, uma *ruptura*, mas uma *superação*. A superação e não a ruptura se dá na medida em que a curiosidade ingênua, sem deixar de ser curiosidade, pelo contrário, continuando a ser curiosidade, se criticiza. Ao criticizar-se, tornando-se então, permito-me repetir, *curiosidade epistemológica*, metodicamente "rigorizando-se" na sua aproximação ao objeto, conota seus achados de maior exatidão.

Na verdade, a curiosidade ingênua que, "desarmada", está associada ao saber do senso comum, é a mesma curiosidade que, criticizando-se, aproximando-se de forma cada vez mais metodicamente rigorosa do objeto cognoscível, se torna *curiosidade epistemológica*. Muda de qualidade mas não de essência. A curiosidade de camponeses com quem tenho dialogado ao longo de minha experiência político-pedagógica, fatalistas ou já rebeldes diante da violência das injustiças, é a mesma curiosidade, enquanto abertura mais ou menos espantada diante de "não eus", com que cientistas ou filósofos acadêmicos "admiram" o mundo. Os cientistas e os filósofos *superam*, porém, a *ingenuidade* da curiosidade do camponês e se tornam epistemologicamente curiosos.

A curiosidade como inquietação indagadora, como inclinação ao desvelamento de algo, como pergunta verbalizada ou não, como procura de esclarecimento, como sinal de atenção que sugere alerta, faz parte integrante do fenômeno vital. Não haveria criatividade sem a curiosidade que nos move e que nos põe pacientemente impacientes diante do mundo que não fizemos, acrescentando a ele algo que fazemos.

Como manifestação presente à experiência vital, a curiosidade humana vem sendo histórica e socialmente construída e reconstruída. Precisamente porque a promoção da ingenuidade para a criticidade não se dá automaticamente, uma das tarefas precípuas da prática educativo-progressista é exatamente o desenvolvimento da curiosidade crítica, insatisfeita, indócil. Curiosidade com que podemos nos defender de "irracionalismos" decorrentes do ou produzidos por certo excesso de "racionalidade" de nosso tempo altamente tecnologizado. E não vai nesta consideração nenhuma arrancada falsamente humanista de negação da tecnologia e da ciência. Pelo contrário, é consideração de quem, de um lado, não diviniza a tecnologia, mas, de outro, não a diaboliza. De quem a olha ou mesmo a espreita de forma criticamente curiosa.

1.5 ENSINAR EXIGE ESTÉTICA E ÉTICA

A necessária promoção da ingenuidade à criticidade não pode ou não deve ser feita a distância de uma rigorosa formação ética ao lado sempre da estética. Decência e boniteza de mãos dadas. Cada vez me convenço mais de que, desperta com relação à possibilidade de enveredar-se no descaminho do puritanismo, a prática educativa tem de ser, em si, um testemunho rigoroso de decência e de pureza. Uma crítica permanente aos desvios fáceis com que somos tentados, às vezes ou quase sempre, a deixar as dificuldades que os *caminhos* verdadeiros podem nos colocar. Mulheres e homens, seres histórico-sociais, nos tornamos capazes de comparar, de valorar, de intervir, de escolher, de decidir, de romper, por tudo isso, nos fizemos seres éticos. Só somos porque estamos sendo. Estar sendo é a condição, entre nós, para ser. Não é possível pensar os seres humanos longe, sequer, da ética, quanto mais fora dela. Estar longe ou, pior, fora da ética, entre nós, mulheres e homens, é uma transgressão. É por isso que transformar a experiência educativa em puro treinamento técnico é amesquinhar o que há de fundamentalmente humano no exercício educativo: o seu caráter formador. Se se respeita a natureza do ser humano, o ensino dos conteúdos não pode dar-se alheio à formação moral do educando. Educar é substantivamente formar. Divinizar ou diabolizar a tecnologia[7] ou a ciência é uma forma altamente negativa e perigosa de pensar errado. De testemunhar aos alunos, às vezes com ares de quem possui a verdade, um rotundo desacerto. Pensar certo, pelo contrário, demanda profundidade e não superficialidade na compreensão e na interpretação dos fatos. Supõe a disponibilidade à revisão dos achados, reconhece não apenas a possibilidade de mudar de opção, de apreciação, mas o direito de fazê-lo. Mas como não há pensar certo à margem de princípios éticos, se mudar é uma possibilidade e um direito, cabe a quem muda — exige o pensar certo — que assuma a mudança operada. Do ponto de vista do pensar certo não é possível mudar e fazer de conta que não mudou. É que todo pensar certo é radicalmente coerente.

---

7. A este propósito cf. Neil Postman, *Technopoly: The Surrender of Culture to Technology*. Nova York: Alfred A. Knopf, 1992.

ensinar exige
RESPEITO
aos
SABERES
dos
EDUCANDOS

Paulo Freire

1.6 ENSINAR EXIGE A CORPORIFICAÇÃO DAS PALAVRAS PELO EXEMPLO

O professor que realmente ensina, quer dizer, que trabalha os conteúdos no quadro da rigorosidade do pensar certo, nega, como falsa, a fórmula farisaica do "faça o que mando e não o que eu faço". Quem pensa certo está cansado de saber que as palavras a que falta a corporeidade do exemplo pouco ou quase nada valem. Pensar certo é fazer certo.

Que podem pensar alunos sérios de um professor que, há dois semestres, falava com quase ardor sobre a necessidade da luta pela autonomia das classes populares e hoje, dizendo que não mudou, faz o discurso pragmático contra os sonhos e pratica a transferência de saber do professor para o aluno?! Que dizer da professora que, de esquerda ontem, defendia a formação da classe trabalhadora e que, pragmática hoje, se satisfaz, curvada ao fatalismo neoliberal, com o puro treinamento do operário, insistindo, porém, que é progressista?

Não há pensar certo fora de uma prática testemunhal que o *re-diz* em lugar de *desdizê-lo*. Não é possível ao professor pensar que pensa certo mas ao mesmo tempo perguntar ao aluno se "sabe com quem está falando".

O clima de quem pensa certo é o de quem busca seriamente a segurança na argumentação, é o de quem, discordando do seu oponente, não tem por que contra ele ou contra ela nutrir uma raiva desmedida, bem maior, às vezes, do que a razão mesma da discordância. Uma dessas pessoas desmedidamente raivosas proibiu certa vez uma estudante que trabalhava em uma dissertação sobre alfabetização e cidadania que me lesse. "Já era", disse com ares de quem trata com rigor e neutralidade o objeto, que era eu. "Qualquer leitura que você faça deste senhor pode prejudicá-la." Não é assim que se pensa certo nem é assim

Faz parte igualmente do pensar certo a rejeição mais decidida a qualquer forma de discriminação.

que se ensina certo.[8] Faz parte do pensar certo o gosto da generosidade que, não negando a quem o tem o direito à raiva, a distingue da raivosidade irrefreada.

1.7 ENSINAR EXIGE RISCO, ACEITAÇÃO DO NOVO E REJEIÇÃO A QUALQUER FORMA DE DISCRIMINAÇÃO

É próprio do pensar certo a disponibilidade ao risco, a aceitação do novo que não pode ser negado ou acolhido só porque é novo, assim como o critério de recusa ao velho não é apenas o cronológico. O velho que preserva sua validade ou que encarna uma tradição ou marca uma presença no tempo continua novo.

Faz parte igualmente do pensar certo a rejeição mais decidida a qualquer forma de discriminação. A prática preconceituosa de raça, de classe, de gênero ofende a substantividade do ser humano e nega radicalmente a democracia. Quão longe dela nos achamos quando vivemos a impunidade dos que matam meninos nas ruas, dos que assassinam camponeses que lutam por seus direitos, dos que discriminam os negros, dos que inferiorizam as mulheres. Quão ausentes da democracia se acham os que queimam igrejas de negros porque, certamente, negros não têm alma. Negros não rezam. Com sua negritude, os negros sujam a branquitude das orações... A mim me dá pena, e não raiva, quando vejo a arrogância com que a branquitude de sociedades em que se faz isso, em que se queimam igrejas de negros, se apresenta ao mundo como pedagoga da democracia. Pensar e fazer errado, pelo visto, não têm mesmo nada que ver com a humildade que o pensar certo exige. Não têm nada que ver com o bom senso que regula nossos exageros e evita as nossas caminhadas até o ridículo e a insensatez.

---

8. Cf. Paulo Freire, *Cartas a Cristina*. Rio de Janeiro: Paz e Terra, 1995, p. 207.

Às vezes, temo que algum leitor ou leitora, mesmo que ainda não totalmente convertido ao "pragmatismo" neoliberal, mas por ele já tocado, diga que, sonhador, continuo a falar de uma educação de anjos e não de mulheres e de homens. O que tenho dito até agora, porém, diz respeito radicalmente à natureza de mulheres e de homens. Natureza entendida como social e historicamente constituindo-se, e não como um *a priori* da história.[9]

O problema que se coloca para mim é que, compreendendo como compreendo a natureza humana, seria uma contradição grosseira não defender o que venho defendendo. Faz parte da exigência que a mim mesmo faço de pensar certo, pensar como venho pensando enquanto escrevo este texto. Pensar, por exemplo, que o pensar certo a ser ensinado concomitantemente com o ensino dos conteúdos não é um pensar formalmente anterior *ao* e desgarrado *do* fazer certo. Neste sentido é que ensinar a pensar certo não é uma experiência em que ele — o pensar certo — é tomado em si mesmo e dele se fala ou uma prática que puramente se descreve, mas algo que se faz e que se vive enquanto dele se fala com a força do testemunho. Pensar certo implica a existência de sujeitos que pensam mediados por objeto ou objetos sobre os quais incide o próprio pensar dos sujeitos. Pensar certo não é *quefazer* de quem se isola, de quem se "aconchega" a si mesmo na solidão, mas um ato comunicante. Não há por isso mesmo pensar sem entendimento, e o entendimento, do ponto de vista do pensar certo, não é transferido, mas coparticipado. Se, do ângulo da gramática, o verbo "entender" é transitivo no que concerne à "sintaxe" do pensar certo, ele é um verbo cujo sujeito é sempre coopartícipe de outro. Todo entendimento, se não se acha "trabalhado" mecanicisticamente, se não vem sendo submetido aos "cuidados" alienadores de um tipo

---

9. Paulo Freire, *Pedagogia da esperança*. São Paulo: Paz e Terra, 1994.

especial e cada vez mais ameaçadoramente comum de mente que venho chamando "burocratizada", implica, necessariamente, comunicabilidade. Não há inteligência — a não ser quando o próprio processo de inteligir é distorcido — que não seja também *comunicação* do inteligido. A grande tarefa do sujeito que pensa certo não é *transferir, depositar, oferecer, doar* ao outro, tomado como paciente de seu pensar, a inteligibilidade das coisas, dos fatos, dos conceitos. A tarefa coerente do educador que pensa certo é, exercendo como ser humano a irrecusável prática de inteligir, desafiar o educando com quem se comunica, a quem comunica, a produzir sua compreensão do que vem sendo comunicado. Não há inteligibilidade que não seja comunicação e intercomunicação e que não se funde na dialogicidade. O pensar certo, por isso, é dialógico e não polêmico.

1.8 ENSINAR EXIGE REFLEXÃO CRÍTICA SOBRE A PRÁTICA

O pensar certo sabe, por exemplo, que não é a partir dele como um dado dado que se conforma a prática docente crítica, mas sabe também que sem ele não se funda aquela. A prática docente crítica, implicante do pensar certo, envolve o movimento dinâmico, dialético, entre o fazer e o pensar sobre o fazer. O saber que a prática docente espontânea ou quase espontânea, "desarmada", indiscutivelmente produz é um saber ingênuo, um saber de experiência feito, a que falta a rigorosidade metódica que caracteriza a *curiosidade epistemológica* do sujeito. Este não é o saber que a rigorosidade do pensar certo procura. Por isso, é fundamental que, na prática da formação docente, o aprendiz de educador assuma que o indispensável pensar certo não é presente dos deuses nem se acha nos guias de professores que iluminados intelectuais escrevem desde o centro do poder, mas, pelo contrário, o pensar certo que supera o ingênuo tem que ser produzido pelo próprio aprendiz em comunhão com o professor formador. É preciso, por outro lado, reinsistir em que a matriz do pensar ingênuo, como a do crítico, é a *curiosidade* mesma, característica do fenômeno vital. Neste sentido, indubitavelmente, é tão curioso o professor chamado leigo no interior de Pernambuco quanto o professor de filosofia da educação na universidade A ou B. O de que se precisa é possibilitar, que, voltando-se sobre si mesma, através da reflexão sobre a prática, a curiosidade ingênua, percebendo-se como tal, se vá tornando crítica.

Por isso é que, na formação permanente dos professores, o momento fundamental é o da reflexão crítica sobre a prática. É pensando criticamente a prática de hoje ou de ontem que se pode melhorar a próxima prática. O próprio discurso teórico, necessário à reflexão crítica, tem de ser de tal modo concreto que quase se confunda com a prática. O seu "distanciamento epistemológico" da prática enquanto objeto de sua análise deve dela "aproximá-lo" ao máximo. Quanto melhor faça esta operação tanto mais inteligência ganha da prática em análise e maior comunicabilidade exerce em torno da superação da ingenuidade pela rigorosidade. Por outro lado, quanto mais me assumo como estou sendo e percebo a ou as razões de ser de por que estou sendo assim, mais me torno capaz de mudar, de promover-me, no caso, do estado de curiosidade ingênua para o de curiosidade epistemológica. Não é possível a assunção que o sujeito faz de si numa certa forma de estar sendo sem a disponibilidade para mudar. Para mudar e de cujo processo se faz necessariamente sujeito também.

Seria, porém, exagero idealista afirmar que a assunção, por exemplo, de que fumar ameaça minha vida já significa deixar de fumar. Mas deixar de fumar passa, em algum sentido, pela assunção do risco que corro ao fumar. Por outro lado, a assunção se vai fazendo cada vez mais assunção na medida em que ela engendra novas opções, por isso mesmo que ela provoca ruptura, decisão e novos compromissos. Quando assumo o mal ou os males que o cigarro me pode causar, me movo no sentido de evitar os males. Decido, rompo, opto. Mas é na prática de não fumar que a assunção do risco que corro por fumar se concretiza materialmente.

Me parece que há ainda um elemento fundamental na assunção de que falo: o emocional. Além do conhecimento que tenho do mal que o fumo me faz, tenho agora, na assunção que dele faço, legítima raiva do fumo. E tenho também a alegria de ter tido a raiva que, no fundo, ajudou que eu continuasse no mundo por mais tempo. Está errada a educação que não reconhece na justa raiva,[10] na raiva que protesta contra as injustiças, contra a deslealdade, contra o desamor, contra a exploração e a violência, um papel altamente formador. O que a raiva não pode é, perdendo os limites que a confirmam, perder-se em raivosidade que corre sempre o risco de se alongar em odiosidade.

1.9 ENSINAR EXIGE O RECONHECIMENTO E A ASSUNÇÃO DA IDENTIDADE CULTURAL

É interessante estender mais um pouco a reflexão sobre a assunção. O verbo "assumir" é um verbo transitivo e que pode ter como objeto o próprio sujeito que assim se assume. Eu tanto assumo o risco que corro ao fumar quanto me assumo enquanto sujeito da própria assunção. Deixemos claro que, quando digo ser fundamental para deixar de fumar a assunção de que fumar ameaça minha vida, com assunção eu quero sobretudo me referir ao conhecimento cabal que obtive do fumar e

---

10. A de Cristo contra os vendilhões do Templo. A dos progressistas contra os inimigos da reforma agrária, a dos ofendidos contra a violência de toda discriminação, de classe, de raça, de gênero. A dos injustiçados contra a impunidade. A de quem tem fome contra a forma luxuriosa com que alguns, mais do que comem, esbanjam e transformam a vida num desfrute.

de suas consequências. Outro sentido mais radical tem a assunção ou assumir quando digo: uma das tarefas mais importantes da prática educativo-crítica é propiciar as condições em que os educandos em suas relações uns com os outros e todos com o professor ou a professora ensaiam a experiência profunda de assumir-se. Assumir-se como ser social e histórico, como ser pensante, comunicante, transformador, criador, realizador de sonhos, capaz de ter raiva porque capaz de amar. Assumir-se como sujeito porque capaz de reconhecer-se como objeto. A assunção de nós mesmos não significa a exclusão dos outros. É a "outredade" do "não eu", ou do *tu*, que me faz assumir a radicalidade de meu *eu*.

A questão da identidade cultural, de que fazem parte a dimensão individual e a de classe dos educandos cujo respeito é absolutamente fundamental na prática educativa progressista, é problema que não pode ser desprezado. Tem que ver diretamente com a *assunção* de nós por nós mesmos. É isto que o puro treinamento do professor não faz, perdendo-se e perdendo-o na estreita e pragmática visão do processo.

A experiência histórica, política, cultural e social dos homens e das mulheres jamais pode se dar "virgem" do conflito entre as forças que obstaculizam a busca da *assunção* de si por parte dos indivíduos e dos grupos e das forças que trabalham em favor daquela assunção. A formação docente que se julgue superior a essas "intrigas" não faz outra coisa senão trabalhar em favor dos obstáculos. A solidariedade social e política de que precisamos para construir a sociedade menos feia e menos arestosa, em que podemos ser mais nós mesmos, tem na formação democrática uma prática de real importância. A aprendizagem da *assunção* do sujeito é incompatível com o *treinamento pragmático* ou com o *elitismo autoritário* dos que se pensam donos da verdade e do *saber articulado*.

A solidariedade social e política de que precisamos para construir a sociedade menos feia e menos arestosa, em que podemos ser mais nós mesmos, tem na formação democrática uma prática de real importância. A aprendizagem da *assunção* do sujeito é incompatível com o *treinamento pragmático* ou com o *elitismo autoritário* dos que se pensam donos da verdade e do *saber articulado*.

Às vezes, mal se imagina o que pode passar a representar na vida de um aluno um simples gesto do professor. O que pode um gesto aparentemente insignificante valer como força formadora ou como contribuição à *assunção* do educando por si mesmo. Nunca me esqueço, na história já longa de minha memória, de um desses gestos de professor que tive na adolescência remota. Gesto cuja significação mais profunda talvez tenha passado despercebida por ele, o professor, e que teve importante influência sobre mim. Estava sendo, então, um adolescente inseguro, vendo-me como um corpo anguloso e feio, percebendo-me menos capaz do que os outros, fortemente incerto de minhas possibilidades. Era muito mais mal-humorado que apaziguado com a vida. Facilmente me eriçava. Qualquer consideração feita por um colega rico da classe já me parecia o chamamento à atenção de minhas fragilidades, de minha insegurança.

O professor trouxera de casa os nossos trabalhos escolares e, chamando-nos um a um, devolvia-os com o seu ajuizamento. Em certo momento me chama e, olhando ou re-olhando o meu texto, sem dizer palavra, balança a cabeça numa demonstração de respeito e de consideração. O gesto do professor valeu mais do que a própria nota dez que atribuiu à minha redação. O gesto do professor me trazia uma confiança ainda obviamente desconfiada de que era possível trabalhar e produzir. De que era possível confiar em mim, mas que seria tão errado confiar além dos limites quanto errado estava sendo não confiar. A melhor prova da importância daquele gesto é que dele falo agora como se tivesse sido testemunhado hoje. E faz, na verdade, muito tempo que ele ocorreu...

Este saber, o da importância desses gestos que se multiplicam diariamente nas tramas do espaço escolar, é algo sobre que teríamos de refletir seriamente. É uma pena que o caráter socializante da escola, o que há de informal na experiência que se vive nela, de formação ou deformação, seja negligenciado. Fala-se quase exclusivamente do ensino dos conteúdos, ensino lamentavelmente quase sempre entendido como transferência do saber. Creio que uma das razões que explicam este descaso em torno do que ocorre no espaço-tempo da escola, que não seja a atividade ensinante, vem sendo uma compreensão estreita do que é educação e do que é aprender. No fundo, passa despercebido a nós que foi aprendendo socialmente que mulheres e homens, historicamente, descobriram que é possível ensinar. Se estivesse claro para nós que foi aprendendo que percebemos ser possível ensinar, teríamos entendido com facilidade a importância das experiências informais nas ruas, nas praças, no trabalho, nas salas de aula das escolas, nos pátios dos recreios,[11] em que variados gestos de alunos, de pessoal administrativo, de pessoal docente se cruzam cheios de significação. Há uma natureza testemunhal nos espaços tão lamentavelmente relegados das escolas. Em *A educação na cidade*[12] chamei a atenção para esta importância quando discuti o estado em que a administração de Luiza Erundina encontrou a rede escolar da cidade de São Paulo em 1989. O descaso pelas condições materiais das escolas alcançava níveis impensáveis. Nas minhas primeiras visitas à rede quase devastada eu me perguntava horrorizado: como cobrar das crianças um mínimo de respeito às carteiras escolares, às mesas, às paredes, se o Poder Público revela absoluta desconsideração à coisa pública? É incrível que não imaginemos a significação do "discurso" formador que faz uma escola respeitada em seu espaço. A

---

11. Esta é uma preocupação fundamental da equipe coordenada pelo professor Miguel Arroio e que vem propondo ao país, em Belo Horizonte, uma das melhores reinvenções da escola. É uma lástima que não tenha havido ainda uma emissora de TV que se dedicasse a mostrar experiências como a de Belo Horizonte, a de Uberaba, a de Porto Alegre, a do Recife e de tantas outras espalhadas pelo Brasil. Que se propusesse revelar práticas criadoras de gente que se arrisca, vividas em escolas privadas ou públicas. Programa que poderia chamar-se "Mudar é difícil mas é possível". No fundo, um dos saberes fundamentais à prática educativa.

12. Paulo Freire, *A educação na cidade*. São Paulo: Cortez Editora, 1991.

eloquência do discurso "pronunciado" na e pela limpeza do chão, na boniteza das salas, na higiene dos sanitários, nas flores que adornam. Há uma pedagogicidade indiscutível na materialidade do espaço.

Pormenores assim da cotidianidade do professor, portanto igualmente do aluno, a que quase sempre pouca ou nenhuma atenção se dá, têm na verdade um peso significativo na avaliação da experiência docente. O que importa, na formação docente, não é a repetição mecânica do gesto, este ou aquele, mas a compreensão do valor dos sentimentos, das emoções, do desejo, da insegurança a ser superada pela segurança, do medo que, ao ser "educado", vai gerando a coragem.

Nenhuma formação docente verdadeira pode fazer-se alheada, de um lado, do exercício da criticidade que implica a promoção da curiosidade ingênua à curiosidade epistemológica, do outro, sem o reconhecimento do valor das emoções, da sensibilidade, da afetividade, da intuição ou adivinhação. Conhecer não é, de fato, adivinhar, mas tem algo que ver, de vez em quando, com adivinhar, com intuir. O importante, não resta dúvida, é não pararmos satisfeitos no nível das intuições, mas submetê-las à análise metodicamente rigorosa de nossa curiosidade epistemológica. Não é possível também formação docente indiferente à boniteza e à decência que estar no mundo, com o mundo e com os outros substantivamente exige de nós. Não há prática docente verdadeira que não seja ela mesma um ensaio estético e ético, permita-se-me a repetição.

2.
ENSINAR NÃO É TRANSFERIR CONHECIMENTO

As considerações ou reflexões até agora feitas vêm sendo desdobramentos de um primeiro saber inicialmente apontado como necessário à formação docente, numa perspectiva progressista. *Saber que ensinar não é transferir conhecimento, mas criar as possibilidades para a sua própria produção ou a sua construção.* Quando entro em uma sala de aula devo estar sendo um ser aberto a indagações, à curiosidade, às perguntas dos alunos, a suas inibições; um ser crítico e inquiridor, inquieto em face da tarefa que tenho — *a de ensinar e não a de transferir conhecimento.*

É preciso insistir: este saber necessário ao professor — de que *ensinar não é transferir conhecimento* — não apenas precisa ser apreendido por ele e pelos educandos nas suas razões de ser — ontológica, política, ética, epistemológica, pedagógica —, mas também precisa ser constantemente testemunhado, vivido.

Como professor num curso de formação docente não posso esgotar minha *prática* discursando sobre a *Teoria* da não extensão do conhecimento. Não posso apenas falar bonito sobre as razões ontológicas, epistemológicas e políticas da Teoria. O meu discurso sobre a Teoria deve ser o exemplo concreto, prático, da teoria. Sua encarnação. Ao falar da *construção* do conhecimento, criticando a sua extensão, já devo estar envolvido nela, e nela, a construção, estar envolvendo os alunos.

Fora disso, me emaranho na rede das contradições em que meu testemunho, inautêntico, perde eficácia. Me torno tão falso quanto quem pretende estimular o clima democrático na escola por meios e caminhos autoritários. Tão fingido quanto quem diz combater o racismo, mas, perguntado se conhece Madalena, diz: "Conheço-a. É negra, *mas* é competente e decente." Jamais ouvi ninguém dizer que conhece Célia, que é loura, de olhos azuis, *mas* é competente e decente. No discurso perfilador de Madalena, negra, cabe a conjunção adversativa *mas*; no que contorna Célia, loura de olhos azuis, a conjunção adversativa é um não senso. A compreensão do papel das conjunções que, ligando sentenças entre si, impregnam a relação que estabelecem de certo sentido — o de *causalidade*: "falo *porque* recuso o silêncio"; o de *adversidade*: "tentaram dominá-lo *mas* não conseguiram"; o de *finalidade*: "Pedro lutou *para que* ficasse clara a sua posição"; o de *integração*: "Pedro sabia *que* ela voltaria" — não é suficiente para explicar o uso da adversativa *mas* na relação entre a sentença "Madalena é negra" e "Madalena é competente e decente". A conjunção *mas*, aí, implica um juízo falso, ideológico: sendo negra, espera-se que Madalena nem seja competente nem decente. Ao reconhecer-se, porém, sua decência e sua competência, a conjunção *mas* se tornou indispensável. No caso de Célia, é um disparate que, sendo loura de olhos azuis, não seja competente e decente. Daí o não senso da adversativa. A razão é ideológica, e não gramatical.

Pensar certo e saber que ensinar não é transferir conhecimento é fundamentalmente pensar certo, é uma postura exigente, difícil, às vezes penosa, que temos de assumir diante dos outros e *com* os outros, em face do mundo e dos fatos, ante nós mesmos. É difícil, não porque pensar certo seja forma própria de pensar de santos e de anjos e a que nós arrogantemente aspirássemos. É difícil, entre outras coisas, pela vigilância constante que temos de exercer sobre nós próprios para evitar os simplismos, as facilidades, as incoerências grosseiras. É difícil porque nem sempre temos o valor indispensável para não permitir que a raiva que podemos ter de alguém vire raivosidade que gera um pensar errado e falso. Por mais que me desagrade uma pessoa, não posso menosprezá-la com um discurso em que, cheio de mim mesmo, decreto sua incompetência absoluta. Discurso em que, cheio de mim mesmo, trato-a com desdém, do alto de minha falsa superioridade. A mim não me dá raiva, mas pena, quando pessoas assim raivosas, arvoradas em figuras de gênio, me minimizam e destratam.

É cansativo, por exemplo, viver a humildade, condição *sine qua* do pensar certo, que nos faz proclamar o nosso próprio equívoco, que nos faz reconhecer e anunciar a superação que sofremos.

O clima do pensar certo não tem nada que ver com o das fórmulas preestabelecidas, mas seria a negação do pensar certo se pretendêssemos forjá-lo na atmosfera da licenciosidade ou do espontaneísmo. Sem rigorosidade metódica não há pensar certo.

2.1 ENSINAR EXIGE CONSCIÊNCIA DO INACABAMENTO

Como professor crítico, sou um "aventureiro" responsável, predisposto à mudança, à aceitação do diferente. Nada do que experimentei em minha atividade docente deve necessariamente repetir-se. Repito, porém, como inevitável, a *franquia* de mim mesmo, radical, diante dos outros e do mundo. Minha *franquia* ante os outros e o mundo mesmo e a maneira radical como me experimento enquanto ser cultural, histórico, inacabado e consciente do inacabamento.

Aqui chegamos ao ponto de que talvez devêssemos ter partido. O do inacabamento do ser humano. Na verdade, o inacabamento do ser ou sua inconclusão é próprio da experiência vital. Onde há vida, há inacabamento. Mas só entre mulheres e homens o inacabamento se tornou consciente. A invenção da existência a partir dos materiais que a vida oferecia levou homens e mulheres a promover o *suporte* em que os outros animais continuam, em *mundo*. Seu mundo, mundo dos homens e das mulheres. A experiência humana no *mundo* muda de qualidade com relação à vida animal no *suporte*. O *suporte* é o espaço, restrito ou alongado, a que o animal se prende "afetivamente"

ensinar exige

ESTÉ
eTICA
ÉTICA

Paulo Freire

tanto quanto para resistir; é o espaço necessário a seu crescimento e que delimita seu domínio. É o espaço em que, treinado, adestrado, "aprende" a sobreviver, a caçar, a atacar, a defender-se num tempo de dependência dos adultos imensamente menor do que é necessário ao ser humano para as mesmas coisas. Quanto mais cultural é o ser, maior a sua infância, sua dependência de cuidados especiais. Faltam ao "movimento" dos outros animais no *suporte* a linguagem conceitual, a inteligibilidade do próprio *suporte* de que resultaria inevitavelmente a comunicabilidade do inteligido, o espanto diante da vida mesma, do que há nela de mistério. No *suporte*, os comportamentos dos indivíduos têm sua explicação muito mais na espécie a que pertencem os indivíduos do que neles mesmos. Falta-lhes liberdade de opção. Por isso, não se fala em ética entre os elefantes.

A vida no *suporte* não implica a linguagem nem a postura ereta que permitiu a liberação das mãos.[13] Mãos que, em grande medida, nos fizeram. Quanto maior se foi tornando a solidariedade entre mente e mãos, tanto mais o *suporte* foi virando *mundo* e a *vida, existência*. O *suporte* veio fazendo-se *mundo* e a *vida, existência*, na proporção que o corpo humano vira corpo consciente, captador, apreendedor, transformador, criador de beleza e não "espaço" vazio a ser enchido por conteúdos.

A invenção da *existência* envolve, repita-se, necessariamente, a linguagem, a cultura, a comunicação em níveis mais profundos e complexos do que o que ocorria e ocorre no domínio da *vida*, a "espiritualização" do mundo, a possibilidade de embelezar como de enfear o mundo, e tudo isso inscreveria mulheres e homens como seres éticos. Capazes de intervir no mundo, de comparar, de ajuizar, de decidir, de romper, de escolher, capazes de

---

13. Cf. David Crystal, *The Cambridge Encyclopedia of Language*. Cambridge: Cambridge University Press, 1987.

grandes ações, de dignificantes testemunhos, mas capazes também de impensáveis exemplos de baixeza e de indignidade. Só os seres que se tornaram éticos podem romper com a ética. Não se sabe de leões que covardemente tenham assassinado leões do mesmo ou de outro grupo familiar e depois tenham visitado os "familiares" para levar-lhes sua solidariedade. Não se sabe de tigres africanos que tenham jogado bombas altamente destruidoras em "cidades" de tigres asiáticos.

No momento em que os seres humanos, intervindo no *suporte*, foram criando o *mundo*, inventando a linguagem com que passaram a dar nome às coisas que faziam com a ação sobre o mundo, na medida em que se foram habilitando a inteligir o mundo e criaram por consequência a necessária comunicabilidade do inteligido, já não foi possível *existir* a não ser disponível à tensão radical e profunda entre o bem e o mal, entre a dignidade e a indignidade, entre a decência e o despudor, entre a boniteza e a feiura do mundo. Quer dizer, já não foi possível *existir* sem *assumir* o direito e o dever de optar, de decidir, de lutar, de fazer política. E tudo isso nos traz de novo à imperiosidade da prática *formadora*, de natureza eminentemente ética. E tudo isso nos traz de novo à radicalidade da *esperança*. Sei que as coisas podem até piorar, mas sei também que é possível intervir para melhorá-las.

Gosto de ser homem, de ser gente, porque não está dado como certo, inequívoco, irrevogável que sou ou serei decente, que testemunharei sempre gestos puros, que sou e que serei justo, que respeitarei os outros, que não mentirei escondendo o seu valor porque a inveja de sua presença no mundo me incomoda e me enraivece. Gosto de ser homem, de ser gente, porque sei que a minha passagem pelo mundo não é predeterminada, preestabelecida. Que o meu "destino" não é um dado, mas algo que precisa ser feito e de cuja responsabilidade não

Gosto de ser gente porque a história em que me faço com os outros e de cuja feitura tomo parte é um tempo de possibilidades, e não de determinismo. Daí que insista tanto na *problematização* do futuro e recuse sua inexorabilidade.

Gosto de ser gente porque, inacabado, sei que sou um ser condicionado, mas, consciente do inacabamento, sei que posso ir mais além dele. [...] Gosto de ser gente porque, como tal, percebo afinal que a construção de minha presença no mundo não se faz no isolamento.

posso me eximir. Gosto de ser gente porque a história em que me faço com os outros e de cuja feitura tomo parte é um tempo de possibilidades, e não de determinismo. Daí que insista tanto na *problematização* do futuro e recuse sua inexorabilidade.

2.2 ENSINAR EXIGE O RECONHECIMENTO DE SER CONDICIONADO

Gosto de ser gente porque, inacabado, sei que sou um ser condicionado, mas, consciente do inacabamento, sei que posso ir mais além dele. Esta é a diferença profunda entre o ser condicionado e o ser determinado. A diferença entre o inacabado que não se sabe como tal e o inacabado que histórica e socialmente alcançou a possibilidade de saber-se inacabado. Gosto de ser gente porque, como tal, percebo afinal que a construção de minha presença no mundo, que não se faz no isolamento, isenta da influência das forças sociais, que não se compreende fora da tensão entre o que herdo geneticamente e o que herdo social, cultural e historicamente, tem muito a ver comigo mesmo. Seria irônico se a consciência de minha presença no mundo não implicasse já o reconhecimento da impossibilidade de minha ausência na construção da própria presença. Não posso me perceber como uma presença no mundo, mas, ao mesmo tempo, explicá-la como resultado de operações absolutamente alheias a mim. Neste caso o que faço é renunciar à responsabilidade ética, histórica, política e social que a promoção do *suporte* ao *mundo* nos coloca. Renuncio a participar e cumprir a vocação ontológica de intervir no mundo. O fato de me perceber no mundo, com o mundo e com os outros me põe numa posição em face do mundo que não é de quem nada tem a ver com ele. Afinal, minha presença no mundo não é a de quem a ele se adapta, mas a de quem nele se insere. É a posição de quem luta para não ser apenas *objeto*, mas sujeito também da história.

Gosto de ser gente porque, mesmo sabendo que as condições materiais, econômicas, sociais e políticas, culturais e ideológicas em que nos achamos geram quase sempre barreiras de difícil superação para o cumprimento de nossa tarefa histórica de mudar o mundo, sei também que os obstáculos não se eternizam.

Nos anos 1960, preocupado já com esses obstáculos, apelei para a *conscientização* não como panaceia, mas como um esforço de conhecimento crítico dos obstáculos, vale dizer, de suas razões de ser. Contra toda a força do discurso fatalista neoliberal, pragmático e reacionário, insisto hoje, sem desvios idealistas, na necessidade da conscientização. Insisto na sua atualização. Na verdade, enquanto aprofundamento da *prise de conscience* do mundo, dos fatos, dos acontecimentos, a conscientização é exigência humana, é um dos caminhos para a posta em prática da curiosidade epistemológica. Em lugar de *estranha*, a conscientização é *natural* ao ser que, inacabado, se sabe inacabado. A questão substantiva não está por isso no puro inacabamento ou na pura inconclusão. A inconclusão, repito, faz parte da natureza do fenômeno vital. Inconclusos somos nós, mulheres e homens, mas inconclusos são também as jabuticabeiras que enchem, na safra, o meu quintal de pássaros cantadores; inconclusos são estes pássaros como inconcluso é Eico, meu pastor-alemão, que me "saúda" contente no começo das manhãs.

Entre nós, mulheres e homens, a inconclusão se sabe como tal. Mais ainda, a inconclusão que se reconhece a si mesma implica necessariamente a inserção do sujeito inacabado num permanente processo social de busca. Histórico-socioculturais, mulheres e homens nos tornamos seres em quem a curiosidade, ultrapassando os limites que lhe são peculiares no domínio vital, se torna fundante da produção do conhecimento. Mais ainda, a curiosidade é já conhecimento. Como a linguagem que anima a curiosidade e com ela se anima é também conhecimento e não só expressão dele.

Numa madrugada, há alguns meses, estávamos Nita e eu, cansados, na sala de embarque de um aeroporto do Norte do país, à espera da partida para São Paulo num desses voos madrugadores que a sabedoria popular chama "voo coruja". Cansados e realmente arrependidos de não haver mudado o esquema de voo. Uma criança em tenra idade, saltitante e alegre, nos fez, finalmente, ficar contentes, apesar da hora para nós inconveniente.

Um avião chega. Curiosa, a criança inclina a cabeça na busca de selecionar o som dos motores. Volta-se para a mãe e diz: "O avião *ainda* chegou." Sem comentar, a mãe atesta: "O avião já chegou." Silêncio. A criança corre até o extremo da sala e volta. "O avião já chegou", diz. O discurso da criança, que envolvia a sua posição curiosa em face do que ocorria, afirmava, primeiro, o *conhecimento* da ação de chegar do avião; segundo, o *conhecimento* da diferença da temporalização da ação entre o advérbio *já* e o advérbio *ainda*. O discurso da criança era conhecimento do ponto de vista do fato concreto — *o avião chegou* — e era conhecimento do ponto de vista da criança que, entre outras coisas, fizera o domínio da circunstância adverbial de tempo, no *já*.

Voltemos um pouco à nossa reflexão anterior. A consciência do inacabamento entre nós, mulheres e homens, nos fez seres responsáveis, daí a eticidade de nossa presença no mundo. Eticidade que, não há dúvida, podemos trair. O mundo da cultura que se alonga em mundo da história é um mundo de liberdade, de opção, de decisão, mundo de possibilidade em que a decência pode ser negada, a liberdade, ofendida e recusada. Por isso mesmo a capacitação de mulheres e de homens em torno de saberes instrumentais jamais pode prescindir de sua formação ética. A radicalidade desta exigência é tal que não deveríamos necessitar sequer de insistir na formação ética do ser ao falar de sua preparação técnica e científica. É fundamental insistirmos nela precisamente porque, inacabados mas conscientes do inacabamento, seres da opção, da decisão, éticos, podemos negar ou trair a própria ética. O educador que, ensinando geografia, "castra" a curiosidade do educando em nome da eficácia da memorização mecânica do ensino dos conteúdos, tolhe a liberdade do educando, a sua capacidade de aventurar-se. Não forma, domestica. Tal qual quem assume a ideologia fatalista embutida no discurso neoliberal, de vez em quando criticada neste texto, e aplicada preponderantemente às situações em que o paciente são as classes populares. "Não há o que fazer, o desemprego é uma fatalidade do fim do século."

A "andarilhagem" gulosa dos trilhões de dólares que, no mercado financeiro, "voam" de um lugar a outro com a rapidez dos faxes, à procura insaciável de mais lucro, não é tratada como *fatalidade*. Não são as classes populares os objetos imediatos de sua malvadez. Fala-se, por isso mesmo, da necessidade de disciplinar a "andarilhagem" dos dólares.

No caso da reforma agrária entre nós, a disciplina de que se precisa, segundo os donos do mundo, é a que amacie, a custo de qualquer meio, os turbulentos e arruaceiros "sem-terra". A reforma agrária tampouco vira fatalidade. Sua necessidade é uma invencionice absurda de falsos brasileiros, proclamam os cobiçosos senhores das terras.

Continuemos a pensar um pouco sobre a inconclusão do ser que se sabe inconcluso, não a inconclusão pura, em si, do ser que, *no suporte*, não se tornou capaz de reconhecer-se interminado. A consciência do mundo e a consciência de si como ser inacabado necessariamente inscrevem o ser consciente de sua inconclusão num permanente movimento de busca. Na verdade, seria uma contradição se, inacabado e consciente do inacabamento, o ser humano não se inserisse em tal movimento. É neste sentido que, para mulheres e homens, *estar no mundo* necessariamente significa *estar com o mundo* e com os outros. Estar no mundo sem fazer história, sem por ela ser feito, sem fazer cultura, sem "tratar" sua própria presença no mundo, sem sonhar, sem cantar, sem musicar, sem pintar, sem cuidar da terra, das águas, sem usar as mãos, sem esculpir, sem filosofar, sem pontos de vista sobre o mundo, sem fazer ciência, ou teologia, sem assombro em face do mistério, sem aprender, sem ensinar, sem ideias de formação, sem politizar não é possível.

É na inconclusão do ser, que se sabe como tal, que se funda a educação como processo permanente. Mulheres e homens se tornaram educáveis na medida em que se reconheceram inacabados. Não foi a educação que fez mulheres e homens educáveis, mas a consciência de sua inconclusão é que gerou sua educabilidade. É também na inconclusão de que nos tornamos conscientes e que nos inserta no movimento permanente de procura que se alicerça a esperança. Não sou esperançoso, disse certa vez, por pura teimosia, mas por exigência ontológica.[14]

Este é um saber fundante da nossa prática educativa, da formação docente, o da nossa inconclusão assumida. O ideal é que, na experiência educativa, educandos, educadoras e educadores, juntos, "convivam" de tal maneira com este como com outros saberes de que falarei, que eles vão virando *sabedoria*. Algo que não nos é estranho a educadoras e educadores. Quando saio de casa para trabalhar com os alunos, não tenho dúvida nenhuma de que, inacabados e conscientes do inacabamento, abertos

14. Cf. Paulo Freire, *Pedagogia da esperança* e *À sombra desta mangueira*.

à procura, curiosos, "programados, mas para aprender",[15] exercitaremos tanto mais e melhor a nossa capacidade de aprender e de ensinar quanto mais sujeitos e não puros objetos do processo nos façamos.

2.3 ENSINAR EXIGE RESPEITO À AUTONOMIA DO SER DO EDUCANDO

Outro saber necessário à prática educativa, e que se funda na mesma raiz que acabo de discutir — a da inconclusão do ser que se sabe inconcluso —, *é o que fala do respeito devido à autonomia do ser do educando.* Do educando criança, jovem ou adulto. Como educador, devo estar constantemente advertido com relação a este respeito que implica igualmente o que devo ter por mim mesmo. Não faz mal repetir a afirmação várias vezes feita neste texto — o inacabamento de que nos tornamos conscientes nos fez seres éticos. O respeito à autonomia e à dignidade de cada um é um imperativo ético e não um favor que podemos ou não conceder uns aos outros. Precisamente porque éticos podemos desrespeitar a rigorosidade da ética e resvalar para a sua negação, por isso é imprescindível deixar claro que a possibilidade do desvio ético não pode receber outra designação senão a de *transgressão.*

O professor que desrespeita a curiosidade do educando, o seu gosto estético, a sua inquietude, a sua linguagem, mais precisamente, a sua sintaxe e a sua prosódia; o professor que ironiza o aluno, que o minimiza, que manda que "ele se ponha em seu lugar" ao mais tênue sinal de sua rebeldia legítima, tanto quanto o professor que se exime do cumprimento de seu dever de propor limites à liberdade do aluno, que se furta ao dever de ensinar, de estar respeitosamente presente à experiência formadora do educando, transgride os princípios fundamentalmente éticos de nossa existência. É neste sentido que o professor

15. François Jacob, op. cit.

autoritário que, por isso mesmo, afoga a liberdade do educando, amesquinhando o seu direito de estar sendo curioso e inquieto, tanto quanto o professor licencioso, rompe com a radicalidade do ser humano — a de sua inconclusão assumida em que se enraíza a eticidade. É neste sentido também que a dialogicidade verdadeira, em que os sujeitos dialógicos aprendem e crescem na diferença, sobretudo no respeito a ela, é a forma de estar sendo coerentemente exigida por seres que, inacabados, assumindo-se como tais, se tornam radicalmente éticos. É preciso deixar claro que a transgressão da eticidade jamais pode ser vista ou entendida como virtude, mas como ruptura com a decência. O que quero dizer é o seguinte: que alguém se torne machista, racista, classista, sei lá o quê, mas se assuma como transgressor da natureza humana. Não me venha com justificativas genéticas, sociológicas ou históricas ou filosóficas para explicar a superioridade da branquitude sobre a negritude, dos homens sobre as mulheres, dos patrões sobre os empregados. Qualquer discriminação é imoral e lutar contra ela é um dever por mais que se reconheça a força dos condicionamentos a enfrentar. A boniteza de ser gente se acha, entre outras coisas, nessa possibilidade e nesse dever de brigar. Saber que devo respeito à autonomia e à identidade do educando exige de mim uma prática em tudo coerente com este saber.

2.4 ENSINAR EXIGE BOM SENSO

A vigilância do meu bom senso tem uma importância enorme na avaliação que, a todo instante, devo fazer de minha prática. Antes, por exemplo, de qualquer reflexão mais detida e rigorosa é o meu bom senso que me diz ser tão negativo, do ponto de vista de minha tarefa docente, o formalismo insensível que me faz recusar o trabalho de um aluno por perda de prazo, apesar das explicações convincentes do aluno, quanto o desrespeito pleno pelos princípios reguladores da entrega dos trabalhos. É o meu bom senso que me adverte de que exercer a minha autoridade de professor na classe, tomando decisões, orientando atividades, estabelecendo tarefas, cobrando a produção individual e coletiva do grupo não é sinal de autoritarismo de minha parte. É a minha autoridade cumprindo o seu dever. Não resolvemos bem, ainda, entre nós, a tensão que a contradição autoridade-liberdade nos coloca e confundimos quase sempre autoridade com autoritarismo, licença com liberdade.

Não preciso de um professor de Ética para me dizer que não posso, como orientador de dissertação de mestrado ou de tese de doutoramento, surpreender o pós-graduando com críticas duras a seu trabalho porque um dos examinadores foi severo em sua arguição. Se isso ocorre e eu concordo com as críticas feitas pelo professor, não há outro caminho senão solidarizar-me de público com o orientando, dividindo com ele a responsabilidade do equívoco ou do erro criticado.[16] Não preciso de um professor de Ética para me dizer isto. Meu bom senso me diz.

Saber que devo respeito à autonomia, à dignidade e à identidade do educando e, na prática, procurar a coerência com este saber me leva inapelavelmente à criação de algumas virtudes ou qualidades sem as quais aquele saber vira inautêntico, palavreado vazio e inoperante.[17] De nada serve, a não ser para irritar o educando e desmoralizar o discurso hipócrita do educador, falar em democracia e liberdade mas impor ao educando a vontade arrogante do mestre.

16. Cf. idem, *Cartas a Cristina*.

17. Cf. idem, *Professora, sim; tia, não: cartas a quem ousa ensinar*. São Paulo: Olho d'Água, 1995.

O exercício do bom senso, com o qual só temos o que ganhar, se faz no "corpo" da curiosidade. Neste sentido, quanto mais pomos em prática de forma metódica a nossa capacidade de indagar, de comparar, de duvidar, de aferir, tanto mais eficazmente curiosos nos podemos tornar e mais crítico se pode fazer o nosso bom senso. O exercício ou a educação do bom senso vai superando o que há nele de instintivo na avaliação que fazemos dos fatos e dos acontecimentos em que nos envolvemos. Se o bom senso, na avaliação moral que faço de algo, não basta para orientar ou fundar minhas táticas de luta, tem, indiscutivelmente, importante papel na minha tomada de posição, a que não pode faltar a ética, em face do que devo fazer.

O meu bom senso me diz, por exemplo, que é imoral afirmar que a fome e a miséria a que se acham expostos milhões de brasileiras e de brasileiros são uma fatalidade em face de que só há uma coisa a fazer: esperar pacientemente que a realidade mude. O meu bom senso diz que isso é imoral e exige de minha rigorosidade científica a afirmação de que é possível mudar com a *disciplina* da gulodice da minoria insaciável.

O meu bom senso me adverte de que há algo a ser compreendido no comportamento de Pedrinho, silencioso, assustado, distante, temeroso, escondendo-se de si mesmo. O bom senso me faz ver que o problema não está nos outros meninos, na sua inquietação, no seu alvoroço, na sua vitalidade. O meu bom senso não me diz o que é, mas deixa claro que há algo que precisa ser sabido. Esta é a tarefa da ciência que, sem o bom senso do cientista, pode se desviar e se perder. Não tenho dúvida do insucesso do cientista a quem falte a capacidade de adivinhar, o sentido da desconfiança, a abertura à dúvida, a inquietação de quem não se acha demasiado certo das certezas. Tenho pena e, às vezes, medo, do cientista demasiado seguro da segurança, senhor da verdade e que não suspeita sequer da historicidade do próprio saber.

É o meu bom senso, em primeiro lugar, o que me deixa suspeitoso, no mínimo, de que não é possível à escola, se, na verdade, engajada na formação de educandos e educadores, alhear-se das condições sociais, culturais e econômicas de seus alunos, de suas famílias, de seus vizinhos.

Não é possível respeito aos educandos, à sua dignidade, a seu ser formando-se, à sua identidade fazendo-se, se não se levam em consideração as condições em que eles vêm existindo, se não se reconhece a importância dos "conhecimentos de experiência feitos" com que chegam à escola. O respeito devido à dignidade do educando não me permite subestimar, pior ainda, zombar do saber que ele traz consigo para a escola.

Quanto mais me torno rigoroso na minha prática de conhecer tanto mais, porque crítico, respeito devo guardar pelo saber ingênuo a ser superado pelo saber produzido através do exercício da curiosidade epistemológica.

Ao pensar sobre o dever que tenho, como professor, de respeitar a dignidade do educando, sua autonomia, sua identidade em processo, devo pensar também, como já salientei, em como ter uma prática educativa em que aquele respeito, que sei dever ter ao educando, se realize em lugar de ser negado. Isso exige de mim uma reflexão crítica permanente sobre minha prática através da qual vou fazendo a avaliação do meu próprio fazer com os educandos. O ideal é que, cedo ou tarde, se invente uma forma pela qual os educandos possam participar da avaliação. É que o trabalho do professor é o trabalho do professor com os alunos e não do professor consigo mesmo.

Esta avaliação crítica da prática vai revelando a necessidade de uma série de virtudes ou qualidades sem as quais não é possível nem ela, a avaliação, nem tampouco o respeito do educando.

Estas qualidades ou estas virtudes absolutamente indispensáveis à posta em prática deste outro saber fundamental à experiência educativa — saber que devo respeito à autonomia, à dignidade e à identidade do educando — não são regalos que recebemos por bom comportamento. As qualidades ou virtudes são construídas por nós no esforço que nos impomos para diminuir a distância entre o que dizemos e o que fazemos. Este esforço, o de diminuir a distância entre o discurso e a prática, é já uma dessas virtudes indispensáveis — a da coerência. Como, na verdade, posso eu continuar falando no respeito à dignidade do educando se o ironizo, se o discrimino, se o inibo com a minha arrogância? Como posso continuar falando em meu respeito ao educando se o testemunho que a ele dou é o da irresponsabilidade, o de quem não cumpre o seu dever, o de quem não se prepara ou se organiza para a sua prática, o de quem não luta por seus direitos e não protesta contra as injustiças?[18] A prática docente, especificamente humana, é profundamente formadora, por isso, ética. Se não se pode esperar de seus agentes que sejam santos ou anjos, pode-se e deve-se deles exigir seriedade e retidão.

A responsabilidade do professor, de que às vezes não nos damos conta, é sempre grande. A natureza mesma de sua prática, eminentemente formadora, sublinha a maneira como a realiza. Sua presença na sala é de tal maneira exemplar que nenhum professor ou professora escapa ao juízo que dele ou dela fazem os alunos. E o pior talvez dos juízos é o que se expressa na "falta" de juízo. O pior juízo é o que considera o professor uma *ausência* na sala.

---

18. Insisto na leitura de *Professora, sim; tia, não: cartas a quem ousa ensinar.*

O professor autoritário, o professor licencioso, o professor competente, sério, o professor incompetente, irresponsável, o professor amoroso da vida e das gentes, o professor mal-amado, sempre com raiva do mundo e das pessoas, frio, burocrático, racionalista, nenhum desses passa pelos alunos sem deixar sua marca. Daí a importância do exemplo que o professor ofereça de sua lucidez e de seu engajamento na peleja em defesa de seus direitos, bem como na exigência das condições para o exercício de seus deveres. O professor tem o dever de dar suas aulas, de realizar sua tarefa docente. Para isso, precisa de condições favoráveis, higiênicas, espaciais, estéticas, sem as quais se move menos eficazmente no espaço pedagógico. Às vezes, as condições são de tal maneira perversas que nem se move. O desrespeito a este espaço é uma ofensa aos educandos, aos educadores e à prática pedagógica.

2.5 ENSINAR EXIGE HUMILDADE, TOLERÂNCIA E LUTA EM DEFESA DOS DIREITOS DOS EDUCADORES

Se há algo que os educandos brasileiros precisam saber, desde a mais tenra idade, é que a luta em favor do respeito aos educadores e à educação inclui que a briga por salários menos imorais é um dever irrecusável e não só um direito deles. A luta dos professores em defesa de seus direitos e de sua dignidade deve ser entendida como um momento importante de sua prática docente, enquanto prática ética. Não é algo que vem de fora da atividade docente, mas algo que dela faz parte. O combate em favor da dignidade da prática docente é tão parte dela mesma quanto dela faz parte o respeito que o professor deve ter à identidade do educando, à sua pessoa, a seu direito de ser. Um dos piores males que o poder público vem fazendo a nós, no Brasil, historicamente, desde que a sociedade brasileira foi criada, é o de fazer muitos de nós correr o risco de, a custo de tanto descaso pela educação

ensinar não é

transferir

CONHE

CIMENTO

Paulo Freire

Não me venha com justificativas genéticas, sociológicas ou históricas ou filosóficas para explicar a superioridade da branquitude sobre a negritude, dos homens sobre as mulheres, dos patrões sobre os empregados. Qualquer discriminação é imoral e lutar contra ela é um dever por mais que se reconheça a força dos condicionamentos a enfrentar. A boniteza de ser gente se acha, entre outras coisas, nessa possibilidade e nesse dever de brigar. Saber que devo respeito à autonomia e à identidade do educando exige de mim uma prática em tudo coerente com este saber.

pública, existencialmente cansados, cair no indiferentismo fatalistamente cínico que leva ao cruzamento dos braços. "Não há o que fazer" é o discurso acomodado que não podemos aceitar.

O meu respeito de professor à pessoa do educando, à sua curiosidade, à sua timidez, que não devo agravar com procedimentos inibidores, exige de mim o cultivo da humildade e da tolerância. Como posso respeitar a curiosidade do educando se, carente de humildade e da real compreensão do papel da ignorância na busca do saber, temo revelar o meu desconhecimento? Como ser educador, sobretudo numa perspectiva progressista, sem aprender, com maior ou menor esforço, a conviver com os diferentes? Como ser educador, se não desenvolvo em mim a indispensável amorosidade aos educandos com quem me comprometo e ao próprio processo formador de que sou parte? Não posso desgostar do que faço sob pena de não fazê-lo bem. Desrespeitado como gente no desprezo a que é relegada a prática pedagógica, não tenho por que desamar a ela e aos educandos. Não tenho por que exercê-la mal. A minha resposta à ofensa à educação é a luta política, consciente, crítica e organizada contra os ofensores. Aceito até abandoná-la, cansado, à procura de melhores dias. O que não é possível é, ficando nela, aviltá-la com o desdém de mim mesmo e dos educandos.

Uma das formas de luta contra o desrespeito dos poderes públicos pela educação, de um lado, é a nossa recusa a transformar nossa atividade docente em puro *bico*, e, de outro, a nossa rejeição a entendê-la e a exercê-la como prática afetiva de "tias" e de "tios".

É como profissionais idôneos — na competência que se organiza politicamente está talvez a maior força dos educadores — que eles e elas devem ver-se a si mesmos e a si mesmas. É neste sentido que os órgãos de classe deveriam priorizar o empenho de formação permanente dos quadros do magistério como tarefa altamente política e repensar a eficácia das greves. A questão que se coloca, obviamente, não é parar de lutar, mas, reconhecendo-se que a luta é uma categoria histórica, reinventar a forma também histórica de lutar.

2.6 ENSINAR EXIGE APREENSÃO DA REALIDADE

Outro saber fundamental à experiência educativa é o que diz respeito à sua natureza. Como professor preciso me mover com clareza na minha prática. Preciso conhecer as diferentes dimensões que caracterizam a essência da prática, o que me pode tornar mais seguro no meu próprio desempenho.

O melhor ponto de partida para estas reflexões é a inconclusão do ser humano de que se tornou consciente. Como vimos, aí radica a nossa educabilidade, bem como a nossa inserção num permanente movimento de busca em que, curiosos e indagadores, não apenas nos damos conta das coisas, mas também delas podemos ter um conhecimento cabal. A capacidade de aprender, não apenas para nos adaptar, mas sobretudo para transformar a realidade, para nela intervir, recriando-a, fala de nossa educabilidade em um nível distinto do nível do adestramento dos outros animais ou do cultivo das plantas.

A nossa capacidade de aprender, de que decorre a de ensinar, sugere ou, mais do que isso, implica a nossa habilidade de *apreender* a substantividade do objeto aprendido. A memorização mecânica do perfil do objeto não é aprendizado verdadeiro do objeto ou do conteúdo. Neste caso, o aprendiz funciona muito mais como *paciente* da transferência do objeto ou do conteúdo do que como sujeito crítico, epistemologicamente curioso, que constrói o conhecimento do objeto ou participa de sua construção. É precisamente por causa desta habilidade de *apreender* a substantividade do objeto que nos é possível reconstruir um mau aprendizado, o em que o aprendiz foi puro paciente da transferência do conhecimento feita pelo educador.

Mulheres e homens, somos os únicos seres que, social e historicamente, nos tornamos capazes de *apreender*. Por isso, somos os únicos em quem *aprender* é uma aventura criadora, algo, por isso mesmo, muito mais rico do que meramente repetir a *lição dada*. Aprender para nós é *construir, reconstruir, constatar para mudar*, o que não se faz sem abertura ao risco e à aventura do espírito.

Creio poder afirmar, na altura destas considerações, que toda prática educativa demanda a existência de sujeitos, um que, ensinando, aprende, outro que, aprendendo, ensina, daí o seu cunho gnosiológico; a existência de objetos, conteúdos a serem ensinados e aprendidos; envolve o uso de métodos, de técnicas, de materiais; implica, em função de seu caráter *diretivo*, objetivo, sonhos, utopias, ideais. Daí a sua *politicidade*, qualidade que tem a prática educativa de ser *política*, de não poder ser neutra.

Especificamente humana, a educação é gnosiológica, é diretiva, por isso política, é artística e moral, serve-se de meios, de técnicas, envolve frustrações, medos, desejos. Exige de mim, como professor, uma competência geral, um saber de sua natureza e saberes especiais, ligados à minha atividade docente.

Como professor, se minha opção é progressista e venho sendo coerente com ela, se não me posso permitir a ingenuidade de pensar-me igual ao educando, de desconhecer a especificidade da tarefa do professor, não posso, por outro lado, negar que o meu papel fundamental é contribuir positivamente para que o educando vá sendo o artífice de sua formação com a ajuda necessária do educador. Se trabalho com crianças, devo estar atento à difícil passagem ou caminhada da *heteronomia* para a *autonomia*, atento à responsabilidade de minha presença, que tanto pode ser auxiliadora como pode virar perturbadora da busca inquieta dos educandos; se trabalho com jovens ou adultos, não menos atento devo estar com relação a que o meu trabalho possa significar como estímulo ou não à ruptura necessária com algo defeituosamente assentado e à espera de superação. Primordialmente, minha posição tem de ser a de respeito à pessoa que queira mudar ou que recuse mudar. Não posso negar-lhe ou esconder-lhe minha postura, mas não posso desconhecer o seu direito de rejeitá-la. Em nome do respeito que devo aos alunos não tenho por que me omitir, por que ocultar a minha opção política, assumindo uma neutralidade que não existe. Esta, a omissão do professor em nome do respeito ao aluno, talvez seja a melhor maneira de desrespeitá-lo. O meu papel, ao contrário, é o de quem testemunha o direito de comparar, de escolher, de romper, de decidir e estimular a assunção deste direito por parte dos educandos.

Recentemente, num encontro público, um jovem recém-entrado na universidade me disse cortesmente:

"Não entendo como o senhor defende os sem-terra, no fundo, uns baderneiros, criadores de problemas."

"Pode haver baderneiros entre os sem-terra", disse, "mas sua luta é legítima e ética." "Baderneira" é a resistência reacionária de quem se opõe a ferro e a fogo à reforma agrária. A imoralidade e a desordem estão na manutenção de uma "ordem" injusta.

A conversa aparentemente morreu aí. O moço apertou minha mão em silêncio. Não sei como terá "tratado" a questão depois, mas foi importante que tivesse dito o que pensava e que tivesse ouvido de mim o que me parece justo que devesse ter dito.

É assim que venho tentando ser professor, assumindo minhas convicções, disponível ao saber, sensível à boniteza da prática educativa, instigado por seus desafios que não lhe permitem burocratizar-se, assumindo minhas limitações, acompanhadas sempre do esforço por superá-las, limitações que não procuro esconder em nome mesmo do respeito que tenho a mim e aos educandos.

2.7 ENSINAR EXIGE ALEGRIA E ESPERANÇA

O meu envolvimento com a prática educativa, sabidamente política, moral, gnosiológica, jamais deixou de ser feito com alegria, o que não significa dizer que tenha invariavelmente podido criá-la nos educandos. Mas, preocupado com ela, enquanto clima ou atmosfera do espaço pedagógico, nunca deixei de estar.

Há uma relação entre a alegria necessária à atividade educativa e a esperança. A esperança de que professor e alunos juntos podemos aprender, ensinar, inquietar-nos, produzir e juntos igualmente resistir aos obstáculos a nossa alegria. Na verdade, do ponto de vista da natureza humana, a esperança não é algo que a ela se justaponha. A esperança faz parte da natureza humana. Seria uma contradição se, inacabado e consciente do inacabamento, primeiro, o ser humano não se inscrevesse ou não se achasse predisposto a participar de um movimento constante de busca e, segundo, se buscasse sem esperança. A desesperança é negação da esperança. A esperança é uma espécie de ímpeto natural possível e necessário, a desesperança é o aborto deste ímpeto. A esperança é um condimento indispensável à experiência histórica. Sem ela, não haveria história, mas puro determinismo. Só há história onde há *tempo problematizado* e não pré-dado. A inexorabilidade do futuro é a negação da história.

É preciso ficar claro que a desesperança não é maneira de estar sendo natural do ser humano, mas distorção da esperança. Eu não sou primeiro um ser da desesperança a ser convertido ou não pela esperança. Eu sou, pelo contrário, um ser *da esperança* que, por "n" razões, se tornou desesperançado. Daí que uma das nossas brigas como seres humanos deva ser dada no sentido de diminuir as razões objetivas para a desesperança que nos imobiliza.

Por tudo isso me parece uma enorme contradição que uma pessoa progressista, que não teme a novidade, que se sente mal com as injustiças, que se ofende com as discriminações, que se bate pela decência, que luta contra a impunidade, que recusa o fatalismo cínico e imobilizante, não seja criticamente esperançosa.

A desproblematização do futuro numa compreensão mecanicista da história, de direita ou de esquerda, leva necessariamente à morte ou à negação autoritária do sonho, da utopia, da esperança. É que, na inteligência mecanicista, portanto determinista da história, o futuro é já sabido. A luta por um futuro assim *a priori* conhecido prescinde da esperança.

A desproblematização do futuro, não importa em nome de quê, é uma violenta ruptura com a natureza humana social e historicamente constituindo-se.

Tive recentemente em Olinda, numa manhã como só os trópicos conhecem, entre chuvosa e ensolarada, uma conversa, que diria exemplar, com um jovem educador popular que, a cada instante, a cada palavra, a cada reflexão, revelava a coerência com que vive sua opção democrática e popular. Caminhávamos, Danilson Pinto e eu, com alma aberta ao mundo, curiosos, receptivos, pelas trilhas de uma favela onde cedo se aprende que só a custo de muita teimosia se consegue tecer a vida com sua quase ausência — ou negação —, com carência, com ameaça, com desespero, com ofensa e dor. Enquanto andávamos pelas ruas daquele mundo maltratado e ofendido, eu ia me lembrando de experiências de minha juventude em outras favelas de Olinda ou do Recife, dos meus diálogos com favelados e faveladas de alma rasgada. Tropeçando na dor humana, nós nos perguntávamos em torno de um sem-número de problemas. Que fazer, enquanto educadores, trabalhando num contexto assim? Há mesmo o que fazer? Como fazer o que fazer? Que precisamos nós, os chamados educadores, *saber* para viabilizar até mesmo os nossos primeiros encontros com mulheres, homens e crianças cuja humanidade vem sendo negada e traída, cuja existência vem sendo esmagada? Paramos no meio de um pontilhão estreito que possibilita a travessia da favela para uma parte menos maltratada do bairro popular. Olhávamos de cima um braço de rio poluído, sem vida, cuja lama, e não água, empapa os mocambos nela quase mergulhados. "Mais além dos mocambos", me disse Danilson, "há algo pior: um grande terreno onde se faz o depósito do lixo público. Os moradores de toda esta redondeza 'pesquisam' no lixo o que comer, o que vestir, o que os mantenha vivos." Foi desse horrendo aterro que há dois anos uma família retirou de lixo hospitalar pedaços de seio amputado com que preparou seu almoço domingueiro. A imprensa noticiou o fato que citei horrorizado e pleno de justa raiva no meu último livro, *À sombra desta mangueira*. É possível que a notícia tenha provocado em pragmáticos neoliberais sua reação habitual e fatalista sempre em favor dos poderosos. "É triste, mas que fazer? A realidade é mesmo esta." A realidade, porém, não é inexoravelmente esta. Está sendo esta como poderia ser outra, e é para que seja outra que precisamos, os progressistas, lutar. Eu me sentiria mais do que triste, desolado e sem achar sentido para minha presença no mundo, se fortes e indestrutíveis razões me convencessem de que a existência humana se dá no domínio da *determinação*. Domínio em que dificilmente se poderia falar de opções, de decisão, de liberdade, de ética.

"Que fazer? A realidade é assim mesmo", seria o discurso universal. Discurso monótono, repetitivo, como a própria existência humana. Numa história assim determinada, as posições rebeldes não têm como se tornarem revolucionárias.

Tenho o direito de ter raiva, de manifestá-la, de tê-la como motivação para minha briga tal qual tenho o direito de amar, de expressar meu amor ao mundo, de tê-lo como motivação de minha briga porque, histórico, vivo a história como tempo de possibilidade e não de determinação. Se a realidade fosse assim porque estivesse dito que assim teria de ser, não haveria sequer por que ter raiva. Meu direito à raiva pressupõe que, na experiência histórica da qual participo, o amanhã não é algo pré-dado, mas um desafio, um problema. A minha raiva, minha justa ira, se funda na minha revolta em face da negação do direito de "ser mais" inscrito na natureza dos seres humanos. Não posso, por isso, cruzar os braços fatalistamente diante da miséria, esvaziando, desta maneira, minha responsabilidade no discurso cínico e "morno", que fala da impossibilidade de mudar porque a realidade é mesmo assim. O discurso da acomodação ou de sua defesa, o discurso da exaltação do silêncio imposto de que resulta a imobilidade dos silenciados, o discurso do elogio da adaptação tornada como fado ou sina, é um discurso negador da humanização de cuja responsabilidade não podemos nos eximir. A adaptação a situações negadoras da humanização só pode ser aceita como consequência da experiência dominadora, ou como exercício de resistência, como tática na luta política. Dou a impressão de que aceito hoje a condição de silenciado para bem lutar, quando puder, contra a negação de mim mesmo. Esta questão, a da legitimidade da raiva contra a docilidade fatalista diante da negação das gentes, foi um tema que esteve implícito em toda a nossa conversa naquela manhã.

2.8 ENSINAR EXIGE A CONVICÇÃO DE QUE A MUDANÇA É POSSÍVEL

Um dos saberes primeiros, indispensáveis a quem, chegando a favelas ou a realidades marcadas pela traição a nosso direito de ser, pretende que sua *presença* se vá tornando *convivência*, que seu *estar no contexto* vá virando *estar com* ele, é o saber do futuro como problema e não como inexorabilidade. É o saber da história como possibilidade e não como *determinação*. O mundo não é. O mundo está sendo. Como subjetividade curiosa, inteligente, interferidora na objetividade com que dialeticamente me relaciono, meu papel no mundo não é só o de quem constata o que ocorre, mas também o de quem intervém como sujeito de ocorrências. Não sou apenas objeto da *história*, mas seu sujeito igualmente. No mundo da história, da cultura, da política, *constato* não para me *adaptar*, mas para *mudar*. No próprio mundo físico minha constatação não me leva à impotência. O conhecimento sobre os terremotos desenvolveu toda uma engenharia que nos ajuda a sobreviver a eles. Não podemos eliminá-los, mas podemos diminuir os danos que nos causam. Constatando, nos tornamos capazes de *intervir* na realidade, tarefa incomparavelmente mais complexa e geradora de novos saberes do que simplesmente a de nos adaptar a ela. É por isso também que não me parece possível nem aceitável a posição ingênua ou, pior, astutamente neutra de quem *estuda*, seja o físico, o biólogo, o sociólogo, o matemático, ou o pensador da educação. Ninguém pode estar no mundo, com o mundo e com os outros de forma neutra. Não posso estar no mundo de luvas nas mãos *constatando* apenas. A acomodação em mim é apenas caminho para a *inserção*, que implica *decisão, escolha, intervenção* na realidade. Há perguntas a serem feitas insistentemente por todos nós e que nos fazem ver a impossibilidade de *estudar por estudar*. De *estudar* descomprometidamente como se misteriosamente, de repente, nada tivéssemos que ver com o mundo, um lá fora e distante mundo, alheado de nós e nós dele.

Em favor *de que* estudo? Em favor *de quem? Contra que* estudo? *Contra quem* estudo?

Que sentido teria a atividade de Danilson no mundo que descortinávamos do pontilhão se, para ele, estivesse decretada por um destino todo-poderoso a impotência daquela gente fustigada pela carência? Restaria a Danilson trabalhar apenas a possível melhora de performance da população no processo irrecusável de sua adaptação à negação da vida. A prática de Danilson seria assim o elogio da resignação. Porém, na medida em que para ele, como para mim, o futuro é problemático e não inexorável, outra tarefa se nos oferece. A de, discutindo a problematicidade do amanhã, tornando-a tão óbvia quanto a carência de tudo na favela, ir tornando igualmente óbvio que a adaptação à dor, à fome, ao desconforto, à falta de higiene que o eu de cada um, como corpo e alma, experimenta toma forma de resistência física a que se vai juntando outra, a cultural. Resistência ao descaso ofensivo de que os miseráveis são objeto. No fundo, as resistências — a orgânica *e/ou* a cultural — são *manhas* necessárias à sobrevivência física e cultural dos oprimidos. O sincretismo religioso afro-brasileiro expressa a resistência ou a manha com que a cultura africana escrava se defendia do poder hegemônico do colonizador branco.

É preciso, porém, que tenhamos na *resistência* que nos preserva vivos, na *compreensão do futuro* como *problema* e na vocação para o *Ser Mais* como expressão da natureza humana em processo de *estar sendo*, fundamentos para a nossa *rebeldia* e não para a nossa *resignação* em face das ofensas que nos destroem o ser. Não é na resignação mas na *rebeldia* em face das injustiças que nos afirmamos.

Uma das questões centrais com que temos de lidar é a promoção de posturas rebeldes em posturas revolucionárias que nos engajam no processo radical de transformação do mundo. A rebeldia é ponto de partida indispensável, é deflagração da justa ira, mas não é suficiente. A rebeldia enquanto denúncia precisa se alongar até uma posição mais radical e crítica, a revolucionária, fundamentalmente anunciadora. A mudança do mundo implica a dialetização entre a denúncia da situação desumanizante e o anúncio de sua superação, no fundo, o nosso sonho.

É a partir deste saber fundamental, *mudar é difícil mas é possível*, que vamos programar nossa ação político-pedagógica, não importa se o projeto com o qual nos comprometemos é de alfabetização de adultos ou de crianças, se de ação sanitária, se de evangelização, se de formação de mão de obra técnica.

O êxito de educadores como Danilson está centralmente nesta certeza, que jamais os deixa, de que é possível mudar, de que é preciso mudar, de que preservar situações concretas de miséria é uma imoralidade. É assim que este saber que a história vem comprovando se erige em princípio de ação e abre caminho à constituição, na prática, de outros saberes indispensáveis.

Não se trata obviamente de impor à população espoliada e sofrida que se rebele, que se mobilize, que se organize para defender-se, vale dizer, para mudar o mundo. Trata-se, na verdade — não importa se trabalhamos com alfabetização, com saúde, com evangelização ou com todas elas —, de, simultaneamente com o trabalho específico de cada um desses campos, desafiar os grupos populares para que percebam, em termos críticos, a violência e a profunda injustiça que caracterizam sua situação concreta. Mais ainda, que sua situação concreta não é *destino certo ou vontade de Deus*, algo que não pode *ser mudado.*

Não posso aceitar como tática do bom combate a política do quanto pior melhor, mas não posso também aceitar, impassível, a política assistencialista que, anestesiando a consciência oprimida, prorroga, *sine die*, a necessária mudança da sociedade. Não posso proibir que os oprimidos com quem trabalho numa favela votem em candidatos reacionários, mas tenho o dever de adverti-los do erro que cometem, da contradição em que se emaranham. Votar no político reacionário é ajudar a preservação do *status quo*. Como posso votar, se sou progressista e coerente com minha opção, num candidato em cujo discurso, faiscante de desamor, anuncia seus projetos racistas?

Partindo de que a experiência da miséria é uma violência e não a expressão da preguiça popular ou fruto da mestiçagem ou da vontade punitiva de Deus, violência contra que devemos lutar, tenho, enquanto educador, de me ir tornando cada vez mais competente, sem o que a luta perderá eficácia. É que o saber de que falei — mudar é difícil, mas é possível —, que me empurra esperançoso à ação, não é suficiente para a eficácia necessária a que me referi. Movendo-me enquanto nele fundado, preciso ter e renovar saberes específicos em cujo campo minha curiosidade se inquieta e minha prática se baseia. Como alfabetizar sem conhecimentos precisos sobre a aquisição da linguagem, sobre linguagem e ideologia, sobre técnicas e métodos do ensino da leitura e da escrita? Por outro lado, como trabalhar, não importa em que campo, no da alfabetização, no da produção econômica em projetos cooperativos, no da evangelização ou no da saúde, sem ir conhecendo as manhas com que os grupos humanos produzem sua própria sobrevivência?

Como educador preciso ir "lendo" cada vez melhor a leitura do mundo que os grupos populares com quem trabalho fazem de seu contexto imediato e do maior de que o seu é parte. O que quero dizer é o seguinte:

não posso de maneira alguma, nas minhas relações político-pedagógicas com os grupos populares, desconsiderar seu saber de experiência feito. Sua explicação do mundo de que faz parte a compreensão de sua própria presença no mundo. E isso tudo vem explicitado ou sugerido ou escondido no que chamo *leitura do mundo*, que precede sempre a *leitura da palavra*.

Se, de um lado, não posso me adaptar ou me "converter" ao saber ingênuo dos grupos populares, de outro, não posso, se realmente progressista, impor-lhes arrogantemente o meu saber como o *verdadeiro*. O diálogo em que se vai desafiando o grupo popular a pensar sua história social como a experiência igualmente social de seus membros vai revelando a necessidade de superar certos saberes que, desnudados, vão mostrando sua "incompetência" para explicar os fatos.

Um dos equívocos funestos de militantes políticos de prática messianicamente autoritária foi sempre desconhecer totalmente a compreensão do mundo dos grupos populares. Vendo-se como portadores da verdade salvadora, sua tarefa irrecusável não é *propô-la*, mas *impô-la* aos grupos populares.

Recentemente, ouvi de jovem operário num debate sobre a vida na favela que já se fora o tempo em que ele tinha vergonha de ser favelado. "Agora", dizia, "me orgulho de nós todos, companheiros e companheiras, do que temos feito através de nossa luta, de nossa organização. Não é o favelado que deve ter vergonha da condição de favelado, mas quem, vivendo bem e fácil, nada faz para mudar a realidade que causa a favela. Aprendi isso com a luta." É possível que esse discurso do jovem operário não provocasse nada ou quase nada o militante autoritariamente messiânico. É possível até que a reação do moço mais revolucionarista do que revolucionário fosse negativa à fala do favelado, entendida como expressão de quem se inclina mais para a acomodação do que para a luta. No fundo, o discurso do jovem operário era a leitura nova que fazia de sua experiência social de favelado. Se ontem se culpava, agora se tornava capaz de perceber que não era apenas responsabilidade sua se achar naquela condição. Mas, sobretudo, se tornava capaz de perceber que a situação de favelado não é *irrevogável*. Sua luta foi mais importante na constituição do seu novo saber do que o discurso sectário do militante messianicamente autoritário.

É importante salientar que o novo momento na compreensão da vida social não é exclusivo de uma pessoa. A experiência que possibilita o discurso novo é social. Uma pessoa ou outra, porém, se antecipa na explicitação da nova percepção da mesma realidade. Uma das tarefas fundamentais do educador progressista é, sensível à leitura e à releitura do grupo, provocá-lo, bem como estimular a generalização da nova forma de compreensão do contexto.

É importante ter sempre claro que faz parte do poder ideológico dominante a inculcação nos dominados da responsabilidade por sua situação. Daí a culpa que sentem eles, em determinado momento de suas relações com o seu contexto e com as classes dominantes, por se acharem nesta ou naquela situação desvantajosa. É exemplar a resposta que recebi de mulher sofrida, em São Francisco, Califórnia, numa instituição católica de assistência aos pobres. Falava com dificuldade do problema que a afligia, e eu, quase sem ter o que dizer, afirmei indagando: "Você é norte-americana, não é?"

"Não. Sou pobre", respondeu como se estivesse pedindo desculpas à "norte-americanidade" por seu insucesso na vida. Me lembro de seus olhos azuis marejados de lágrimas expressando seu sofrimento e a assunção da *culpa* pelo seu "fracasso" no mundo. Pessoas assim fazem parte das legiões de ofendidos que não percebem a razão de ser de sua dor na perversidade do sistema social, econômico e político em que vivem, mas na sua incompetência. Enquanto sentirem assim, pensarem assim e agirem assim, reforçam o poder do sistema. Se tornam coniventes da ordem desumanizante.

A alfabetização, por exemplo, numa área de miséria só ganha sentido na dimensão humana se, com ela, se realiza uma espécie de psicanálise histórico-político-social de que vá resultando a extrojeção da culpa indevida. A isto corresponde a "expulsão" do opressor de "dentro" do oprimido, enquanto *sombra* invasora. Sombra que, expulsa pelo oprimido, precisa ser substituída por sua autonomia e sua responsabilidade. Saliente-se contudo que, não obstante a relevância ética e política do esforço conscientizador que acabo de sublinhar, não se pode parar nele, deixando-se relegado para um plano secundário o ensino da escrita e da leitura da palavra. Não podemos, numa perspectiva democrática, transformar uma classe de alfabetização num espaço em que se proíbe toda reflexão em torno da razão de ser dos fatos, nem tampouco num "comício libertador". A tarefa fundamental dos Danilsons entre quem me situo é experimentar com intensidade a dialética entre a "leitura do mundo" e a "leitura da palavra".

"Programados para aprender" e impossibilitados de viver sem a referência de um amanhã, onde quer que haja mulheres e homens há sempre o que fazer, há sempre o que ensinar, há sempre o que aprender.

Nada disso, contudo, cobra sentido, para mim, se realizado contra a vocação para o *Ser Mais*, histórica e socialmente constituindo-se, em que mulheres e homens nos achamos inseridos.

ensinar exige

bom

sen   so
sen   so
sen   so

Paulo Freire

2.9 ENSINAR EXIGE CURIOSIDADE

Um pouco mais sobre a curiosidade

Se há uma prática exemplar como negação da experiência formadora é a que dificulta ou inibe a curiosidade do educando e, em consequência, a do educador. É que o educador que, entregue a procedimentos autoritários ou paternalistas que impedem ou dificultam o exercício da curiosidade do educando, termina por igualmente tolher sua própria curiosidade. Nenhuma curiosidade se sustenta eticamente no exercício da negação da outra curiosidade. A curiosidade dos pais que só se experimenta no sentido de saber *como* e *onde* anda a curiosidade dos filhos se burocratiza e fenece. A curiosidade que silencia a outra se nega a si mesma também. O bom clima pedagógico-democrático é o em que o educando vai aprendendo, à custa de sua prática mesma, que sua curiosidade, como sua liberdade, deve estar sujeita a limites, mas em permanente exercício. Limites eticamente assumidos por ele. Minha curiosidade não tem o direito de invadir a privacidade do outro e expô-la aos demais.

Como professor devo saber que sem a curiosidade que me move, que me inquieta, que me insere na busca, não *aprendo* nem *ensino*. Exercer a minha curiosidade de forma correta é um direito que tenho como gente e a que corresponde o dever de lutar por ele, o direito à curiosidade. Com a curiosidade *domesticada* posso alcançar a memorização mecânica do perfil deste ou daquele objeto, mas não o aprendizado real ou o conhecimento cabal do objeto. A construção ou a produção do conhecimento do objeto implica o exercício da curiosidade, sua capacidade crítica de "tomar distância" do objeto, de observá-lo, de delimitá-lo, de cindi-lo, de "cercar" o objeto ou fazer sua *aproximação* metódica, sua capacidade de comparar, de perguntar.

Estimular a pergunta, a reflexão crítica sobre a própria pergunta, o que se pretende com esta ou com aquela pergunta em lugar da passividade em face das explicações discursivas do professor, espécies de *respostas* às perguntas que não foram feitas. Isto não significa realmente que devamos reduzir a atividade docente, em nome da defesa da curiosidade necessária a puro vaivém de perguntas e respostas que burocraticamente se esterilizam. A dialogicidade não nega a validade de momentos explicativos, narrativos, em que o professor expõe ou fala do objeto. O fundamental é que professor e alunos saibam que a postura deles, do professor e dos alunos, é *dialógica*, aberta, curiosa, indagadora e não apassivada, enquanto fala ou enquanto ouve. O que importa é que professor e alunos se assumam *epistemologicamente curiosos*.

Neste sentido, o bom professor é o que consegue, enquanto fala, trazer o aluno até a intimidade do *movimento* de seu pensamento. Sua aula é assim um desafio e não uma "cantiga de ninar". Seus alunos *cansam*, não *dormem*. Cansam porque acompanham as idas e vindas de seu pensamento, surpreendem suas pausas, suas dúvidas, suas incertezas.

Antes de qualquer tentativa de discussão de técnicas de materiais, de métodos para uma aula dinâmica assim, é preciso, indispensável mesmo, que o professor se ache "repousado" no *saber* de que a pedra fundamental é a curiosidade do ser humano. É ela que me faz perguntar, conhecer, atuar, mais perguntar, re-conhecer.

Boa tarefa para um fim de semana seria propor a um grupo de alunos que registrasse, cada um por si, as curiosidades mais marcantes por que foram tomados, em razão de que, em qual situação emergente de noticiário da televisão, de propaganda, de *videogame*, de gesto de alguém, não importa. Que "tratamento" deu à curiosidade, se facilmente foi superada ou se, pelo contrário, conduziu a outras curiosidades. Se no processo curioso consultou fontes, dicionários, computadores, livros, se fez perguntas a outros. Se a curiosidade enquanto desafio provocou algum conhecimento provisório de algo, ou não. O que sentiu quando se percebeu trabalhando sua curiosidade mesma. É possível que, preparado para pensar a própria curiosidade, tenha sido menos curiosa ou curioso.

A experiência se poderia refinar e aprofundar a tal ponto, por exemplo, que se realizasse um seminário quinzenal para o debate das várias curiosidades, bem como dos desdobramentos delas.

O exercício da curiosidade a faz mais criticamente curiosa, mais metodicamente "perseguidora" do seu objeto. Quanto mais a curiosidade espontânea se intensifica, mas, sobretudo, se "rigoriza", tanto mais epistemológica ela vai se tornando.

Nunca fui ingênuo apreciador da tecnologia: não a divinizo, de um lado, nem a diabolizo, de outro. Por isso mesmo sempre estive em paz para lidar com ela. Não tenho dúvida nenhuma do enorme potencial de estímulos e desafios à curiosidade que a tecnologia põe a serviço das crianças e dos adolescentes das classes sociais chamadas favorecidas. Não foi por outra razão que, enquanto secretário de Educação da cidade de São Paulo, fiz chegar à rede das escolas municipais o computador. Ninguém melhor do que meus netos e minhas netas para me falar de sua curiosidade instigada pelos computadores com os quais convivem.

O exercício da curiosidade convoca a imaginação, a intuição, as emoções, a capacidade de conjecturar, de comparar, na busca da perfilização do objeto ou do achado de sua razão de ser. Um ruído, por exemplo, pode provocar minha curiosidade. Observo o espaço onde parece que se está verificando. Aguço o ouvido. Procuro comparar com outro ruído cuja razão de ser já conheço.

Investigo melhor o espaço. Admito hipóteses várias em torno da possível origem do ruído. Elimino algumas até que chego a sua explicação.

Satisfeita uma curiosidade, a capacidade de inquietar-me e buscar continua em pé. Não haveria *existência humana* sem a abertura de nosso ser ao mundo, sem a transitividade de nossa consciência.

Quanto mais faço estas operações com maior rigor metódico tanto mais me aproximo da maior exatidão dos achados de minha curiosidade.

Um dos saberes fundamentais à minha prática educativo-crítica é o que me adverte da necessária promoção da *curiosidade espontânea* para a *curiosidade epistemológica*.

Outro saber indispensável à prática educativo-crítica é o de como lidaremos com a relação autoridade-liberdade,[19] sempre tensa e que gera tanto disciplina quanto indisciplina.

Resultando da harmonia ou do equilíbrio entre autoridade e liberdade, a disciplina implica necessariamente o respeito de uma pela outra, expresso na assunção que ambas fazem de limites que não podem ser transgredidos.

O autoritarismo e a licenciosidade são rupturas do equilíbrio tenso entre autoridade e liberdade. O autoritarismo é a ruptura em favor da autoridade contra a liberdade e a licenciosidade, a ruptura em favor da liberdade contra a autoridade. Autoritarismo e licenciosidade são formas indisciplinadas de comportamento que negam o que venho chamando a vocação ontológica do ser humano.[20]

Assim como inexiste disciplina no autoritarismo ou na licenciosidade, desaparece em ambos, a rigor,

---

19. Cf. Paulo Freire, *Professora, sim; tia, não: cartas a quem ousa ensinar.*
20. Idem, *Pedagogia do oprimido* e *Pedagogia da esperança.*

autoridade ou liberdade. Somente nas práticas em que autoridade e liberdade se afirmam e se preservam enquanto elas mesmas, portanto no respeito mútuo, é que se pode falar de práticas disciplinadas como também em práticas favoráveis à vocação para o *Ser Mais*.

Entre nós, em função mesma do nosso passado autoritário, contestado, nem sempre com segurança por uma modernidade ambígua, oscilamos entre formas autoritárias e formas licenciosas. Entre uma certa tirania da liberdade e o exacerbamento da autoridade, ou ainda na combinação das duas hipóteses.

O bom seria que experimentássemos o confronto realmente tenso em que a autoridade de um lado e a liberdade do outro, medindo-se, se avaliassem e fossem aprendendo a ser ou a estar sendo elas mesmas, na produção de situações dialógicas. Para isto, o indispensável é que ambas, autoridade e liberdade, vão se tornando cada vez mais convertidas ao ideal do respeito comum somente como podem autenticar-se.

Comecemos por refletir sobre algumas das qualidades que a autoridade docente democrática precisa encarnar em suas relações com a liberdade dos alunos. É interessante observar que a minha experiência discente é fundamental para a prática docente que terei amanhã ou que estou tendo agora simultaneamente com aquela. É vivendo criticamente a minha liberdade de aluno ou aluna que, em grande parte, me preparo para assumir ou refazer o exercício de minha autoridade de professor. Para isso, como aluno hoje que sonha com ensinar amanhã ou como aluno que já ensina hoje, devo ter como objeto de minha curiosidade as experiências que venho tendo com professores vários e as minhas próprias, se as tenho, com meus alunos. O que quero dizer é o seguinte: não devo pensar apenas sobre os conteúdos programáticos que vêm sendo expostos ou discutidos pelos professores das diferentes disciplinas, mas, ao mesmo tempo, a maneira mais aberta, dialógica, ou mais fechada, autoritária, com que este ou aquele professor ensina.

Não é na resignação mas na *rebeldia* em face das injustiças que nos afirmamos.

No fundo, o essencial nas relações entre educador e educando, entre autoridade e liberdades, entre pais, mães, filhos e filhas é a reinvenção do ser humano no aprendizado de sua autonomia.

3.
ENSINAR É UMA ESPECIFICIDADE HUMANA

Que possibilidades de expressar-se, de crescer, vem tendo a minha curiosidade? Creio que uma das qualidades essenciais que a autoridade docente democrática deve revelar em suas relações com as liberdades dos alunos é a segurança em si mesma. É a segurança que se expressa na firmeza com que atua, com que decide, com que respeita as liberdades, com que discute suas próprias posições, com que aceita rever-se.

Segura de si, a autoridade não necessita de, a cada instante, fazer o discurso sobre sua existência, sobre si mesma. Não precisa perguntar a ninguém, certa de sua legitimidade, se "sabe com quem está falando". Segura de si, ela é porque *tem* autoridade, porque a exerce com indiscutível sabedoria.

3.1 ENSINAR EXIGE SEGURANÇA, COMPETÊNCIA PROFISSIONAL E GENEROSIDADE

A segurança com que a autoridade docente se move implica uma outra, a que se funda na sua competência profissional. Nenhuma autoridade docente se exerce ausente desta competência. O professor que não leve a sério sua formação, que não estude, que não se esforce para estar à altura de sua tarefa não tem força moral para coordenar as atividades de sua classe. Isso não significa, porém, que a opção e a prática democrática do professor ou da professora sejam determinadas por sua competência científica. Há professores e professoras cientificamente preparados mas autoritários a toda prova. O que quero dizer é que a incompetência profissional desqualifica a autoridade do professor.

Outra qualidade indispensável à autoridade em suas relações com as liberdades é a generosidade. Não há nada que mais inferiorize a tarefa formadora da autoridade do que a mesquinhez com que se comporte.

A arrogância farisaica, malvada, com que julga os outros e a indulgência macia com que se julga ou com que julga os seus. A arrogância que nega a generosidade nega também a humildade, que não é virtude dos que ofendem nem tampouco dos que se regozijam com sua humilhação. O clima de respeito que nasce de relações justas, sérias, humildes, generosas, em que a autoridade docente e as liberdades dos alunos se assumem eticamente, autentica o caráter formador do espaço pedagógico.

A reação negativa ao exercício do comando é tão incompatível com o desempenho da autoridade quanto a sofreguidão pelo mando. O mandonismo é exatamente esse gozo irrefreável e desmedido pelo mando.

A autoridade docente mandonista, rígida, não conta com nenhuma criatividade do educando. Não faz parte de sua forma de ser, esperar, sequer, que o educando revele o gosto de aventurar-se.

A autoridade coerentemente democrática, fundando-se na certeza da importância, quer de si mesma, quer da liberdade dos educandos para a construção de um clima de real disciplina, jamais minimiza a liberdade. Pelo contrário, aposta nela. Empenha-se em desafiá-la sempre e sempre; jamais vê, na rebeldia da liberdade, um sinal de deterioração da ordem. A autoridade coerentemente democrática está convicta de que a disciplina verdadeira não existe na estagnação, no silêncio dos *silenciados*, mas no alvoroço dos *inquietos*, na dúvida que instiga, na esperança que desperta.

A autoridade coerentemente democrática, mais ainda, que reconhece a *eticidade* de nossa presença, a das mulheres e dos homens, no mundo, reconhece, também e necessariamente, que não se vive a eticidade sem liberdade e não se tem liberdade sem risco. O educando que exercita sua liberdade ficará tão mais livre quanto mais eticamente vá assumindo a responsabilidade de suas ações. Decidir é romper e, para isso, preciso correr o risco. Não se rompe como quem toma um suco de pitanga numa praia tropical. Mas, por outro lado, a autoridade coerentemente democrática jamais se *omite*. Se recusa, de um lado, silenciar a liberdade dos educandos, rejeita, de outro, a sua supressão do processo de construção da boa disciplina.

Um esforço sempre presente à prática da autoridade coerentemente democrática é o que a torna quase escrava de um sonho fundamental: o de persuadir ou convencer a liberdade de que vá construindo consigo mesma, em si mesma, com materiais que, embora vindos de fora de si, reelaborados por ela, a *sua autonomia*. É com ela, a autonomia, penosamente construindo-se, que a liberdade vai preenchendo o "espaço" antes "habitado" por sua *dependência*. Sua autonomia que se funda na *responsabilidade*, que vai sendo assumida.

O papel da autoridade democrática não é, transformando a existência humana num "calendário" escolar "tradicional", "marcar as lições" de vida para as liberdades, mas, mesmo quando tem um conteúdo programático a propor, deixar claro, com seu testemunho, que o fundamental no aprendizado do conteúdo é a construção da responsabilidade da liberdade que se assume.

No fundo, o essencial nas relações entre educador e educando, entre autoridade e liberdades, entre pais, mães, filhos e filhas é a reinvenção do ser humano no aprendizado de sua autonomia.

Me movo como educador porque, primeiro, me movo como gente.

Posso saber pedagogia, biologia como astronomia, posso cuidar da terra como posso navegar. Sou gente. Sei que ignoro e sei que sei. Por isso, tanto posso saber o que ainda não sei como posso saber melhor o que já sei.

E saberei tão melhor e mais autenticamente quanto mais eficazmente construa minha autonomia em respeito à dos outros.

Ensinar e, enquanto ensino, testemunhar aos alunos o quanto me é fundamental respeitá-los e respeitar-me são tarefas que jamais dicotomizei. Nunca me foi possível separar em dois momentos o ensino dos conteúdos da formação ética dos educandos. A prática docente que não há sem a discente é uma prática inteira. O ensino dos conteúdos implica o testemunho ético do professor.

A boniteza da prática docente se compõe do anseio vivo de competência do docente e dos discentes e de seu sonho ético. Não há nesta boniteza lugar para a negação da decência, nem de forma grosseira nem farisaica. Não há lugar para puritanismo. Só há lugar para pureza.

Este é outro saber indispensável à prática docente. O saber da impossibilidade de desunir o ensino dos conteúdos da formação ética dos educandos. De separar prática de teoria, autoridade de liberdade, ignorância de saber, respeito ao professor de respeito aos alunos, ensinar de aprender. Nenhum destes termos pode ser mecanicistamente separado um do outro. Como professor, tanto lido com minha liberdade quanto com minha autoridade em exercício, mas também diretamente com a liberdade dos educandos, que devo respeitar, e com a criação de sua autonomia, bem como com os ensaios de construção da autoridade dos educandos. Como professor não me é possível ajudar o educando a superar sua ignorância se não supero permanentemente a minha. Não posso ensinar o que não sei. Mas, este, repito, não é saber de que apenas devo falar e falar com palavras que o vento leva. É saber, pelo contrário, que devo viver concretamente com os educandos. O melhor discurso sobre ele é o exercício de sua prática. É concretamente respeitando o direito do aluno de indagar, de duvidar e de criticar que "falo" desses direitos. A minha pura fala sobre esses direitos a que não corresponda a sua concretização não tem sentido.

Quanto mais penso sobre a prática educativa, reconhecendo a responsabilidade que ela exige de nós, tanto mais me convenço do dever nosso de lutar no sentido de que ela seja realmente respeitada. O respeito que devemos como professores aos educandos dificilmente se cumpre, se não somos tratados com dignidade e decência pela administração privada ou pública da educação.

3.2 ENSINAR EXIGE COMPROMETIMENTO

Outro saber que devo trazer comigo e que tem que ver com quase todos os de que tenho falado é o de que não é possível exercer a atividade do magistério como se nada ocorresse conosco. Como impossível seria sairmos na chuva expostos totalmente a ela, sem defesas, e não nos molhar. Não posso ser professor sem me pôr diante dos alunos, sem revelar com facilidade ou relutância minha maneira de ser, de pensar politicamente. Não posso escapar à apreciação dos alunos. E a maneira como eles me percebem tem importância capital para o meu desempenho. Daí, então, que uma de minhas preocupações centrais deva ser a de procurar a aproximação cada vez maior entre o que digo e o que faço, entre o que pareço ser e o que realmente estou sendo.

Se perguntado por um aluno sobre o que é "tomar distância epistemológica do objeto", lhe respondo que não sei, mas que posso vir a saber, isso não me dá a autoridade de quem conhece, me dá a alegria de, assumindo minha ignorância, não ter mentido. E não ter mentido abre para mim junto aos alunos um crédito que devo preservar. Eticamente impossível teria sido dar uma resposta falsa, um palavreado qualquer. Um *chute*, como se diz popularmente. Mas, de um lado, precisamente porque a prática docente, sobretudo como a entendo, me coloca a possibilidade que devo estimular de perguntas várias, preciso me preparar ao máximo para, de outro, continuar sem mentir aos alunos, de outro, não ter de afirmar seguidamente que não sei.

Saber que não posso passar despercebido pelos alunos, e que a maneira como me percebam me ajuda ou desajuda no cumprimento de minha tarefa de professor, aumenta em mim os cuidados com o meu desempenho. Se a minha opção é democrática, progressista, não posso ter uma prática reacionária, autoritária, elitista. Não posso discriminar o aluno em nome de nenhum motivo. A percepção que o aluno tem de mim não resulta exclusivamente de como atuo, mas também de como o aluno entende como atuo. Evidentemente, não posso levar meus dias como professor a perguntar aos alunos o que acham de mim ou como me avaliam. Mas devo estar atento à leitura que fazem de minha atividade com eles. Precisamos aprender a compreender a significação de um silêncio, ou de um sorriso ou de uma retirada da sala. O tom menos cortês com que foi feita uma pergunta. Afinal, o espaço pedagógico é um texto para ser constantemente "lido", "interpretado", "escrito" e "reescrito". Neste sentido, quanto mais solidariedade exista entre o educador e educandos no "trato" deste espaço, tanto mais possibilidades de aprendizagem democrática se abrem na escola.

Creio que nunca precisou o professor progressista estar tão advertido quanto hoje em face da esperteza com que a ideologia dominante insinua a neutralidade da educação. Desse ponto de vista, que é reacionário, o espaço pedagógico, neutro por excelência, é aquele em que se *treinam* os alunos para práticas apolíticas, como se a maneira humana de estar no mundo fosse ou pudesse ser uma maneira neutra.

Minha presença de professor, que não pode passar despercebida dos alunos na classe e na escola, é uma presença em si política. Enquanto presença não posso ser uma *omissão*, mas um sujeito de *opções*. Devo revelar aos alunos a minha capacidade de analisar, de comparar, de avaliar, de decidir, de optar, de romper. Minha capacidade de fazer justiça, de não falhar à verdade. Ético, por isso mesmo, tem que ser o meu testemunho.

3.3 ENSINAR EXIGE COMPREENDER QUE A EDUCAÇÃO É UMA FORMA DE INTERVENÇÃO NO MUNDO

Outro saber de que não posso duvidar um momento sequer na minha prática educativo-crítica é o de que, como experiência especificamente humana, a educação é uma forma de intervenção no mundo. Intervenção que, além do conhecimento dos conteúdos bem ou mal ensinados e/ou aprendidos, implica tanto o esforço de *reprodução* da ideologia dominante quanto o seu *desmascaramento*. Dialética e contraditória, não poderia ser a educação só uma ou só a outra dessas coisas. Nem apenas *reprodutora* nem apenas *desmascaradora* da ideologia dominante.

Neutra, "indiferente" a qualquer destas hipóteses, a da reprodução da ideologia dominante ou a de sua contestação, a educação jamais foi, é, ou pode ser. É um erro decretá-la como tarefa apenas reprodutora da ideologia dominante assim como erro é tomá-la como uma força de desocultação da realidade, a atuar livremente, sem obstáculos e duras dificuldades. Erros que implicam diretamente visões defeituosas da história e da consciência. De um lado, a compreensão mecanicista da história que reduz a consciência a puro reflexo da materialidade, e, de outro, o subjetivismo idealista, que hipertrofia o papel da consciência no acontecer histórico. Nem somos, mulheres e homens, seres simplesmente

ensinar exige

ALE GRIA
ESPE RANÇA

Paulo Freire

determinados, nem tampouco livres de condicionamentos genéticos, culturais, sociais, históricos, de classe e de gênero que nos marcam e a que nos achamos referidos.

Do ponto de vista dos interesses dominantes, não há dúvida de que a educação deve ser uma prática *imobilizadora* e *ocultadora* de verdades. Toda vez, porém, que a conjuntura o exige, a educação dominante é progressista à sua maneira, progressista "pela metade". As forças dominantes estimulam e materializam avanços técnicos compreendidos e, tanto quanto possível, realizados de maneira neutra. Seria demasiado ingênuo, até angelical de nossa parte, esperar que a "bancada ruralista" aceitasse quieta e concordante a discussão, nas escolas rurais e mesmo urbanas do país, da reforma agrária como projeto econômico, político e ético da maior importância para o próprio desenvolvimento nacional. Isso é tarefa para educadoras e educadores progressistas cumprirem, dentro e fora das escolas. É tarefa para organizações não governamentais, para sindicatos democráticos realizarem. Já não é ingênuo esperar, porém, que o empresariado que se moderniza, com raízes urbanas, adira à reforma agrária. Seus interesses na expansão do mercado o fazem "progressista" em face da reação ruralista. O próprio comportamento progressista do empresariado que se moderniza, progressista em face da truculência retrógrada dos ruralistas, se esvazia de *humanismo* quando da confrontação entre os interesses humanos e os do mercado.

E é uma imoralidade, para mim, que se sobreponha, como se vem fazendo, aos interesses radicalmente *humanos*, os do *mercado*.

Continuo bem aberto à advertência de Marx, a da necessária radicalidade que me faz sempre desperto a tudo o que diz respeito à defesa dos interesses humanos. Interesses superiores aos de puros grupos ou de classes de gente.

Ao reconhecer que, precisamente porque nos tornamos seres capazes de observar, de comparar, de avaliar, de escolher, de decidir, de intervir, de romper, de optar, nos fizemos seres éticos e se abriu para nós a *probabilidade* de *transgredir* a ética, jamais poderia aceitar a *transgressão* como um *direito*, mas como uma *possibilidade*. Possibilidade contra a que devemos lutar, e não diante da qual cruzar os braços. Daí a minha recusa rigorosa aos fatalismos quietistas que terminam por absorver as transgressões éticas em lugar de condená-las. Não posso virar conivente de uma ordem perversa, irresponsabilizando-a por sua malvadez, ao atribuir a "forças cegas" e imponderáveis os danos por ela causados aos seres humanos. A fome frente a frente à abastança e o desemprego no mundo são *imoralidades* e não *fatalidades* como o reacionarismo apregoa com ares de quem sofre por nada poder fazer. O que quero repetir, com força, é que nada justifica a minimização dos seres humanos, no caso, das maiorias compostas de minorias que não perceberam ainda que, juntas, seriam a maioria. Nada, o avanço da ciência e/ou da tecnologia, pode legitimar uma "ordem" desordeira em que só as minorias do poder esbanjam e gozam enquanto às maiorias, em dificuldades até para sobreviver, se diz que a realidade é assim mesma, que sua fome é uma fatalidade do fim do século. Não junto a minha voz à dos que, falando em *paz*, pedem aos oprimidos, aos esfarrapados do mundo, a sua resignação. Minha voz tem outra semântica, tem outra música. Falo da resistência, da indignação, da "justa ira" dos traídos e dos enganados. Do seu direito e do seu dever de rebelar-se contra as transgressões éticas de que são vítimas cada vez mais sofridas.

A ideologia fatalista do discurso e da política neoliberais de que venho falando é um momento daquela desvalia anteriormente referida dos interesses humanos em relação aos do mercado.

Dificilmente um empresário moderno concordaria com que seja direito de "seu" operário, por exemplo, discutir durante o processo de sua alfabetização, ou no desenvolvimento de algum curso de aperfeiçoamento técnico, esta mesma ideologia a que me venho referindo. Discutir, suponhamos, a afirmação: "O desemprego no mundo é uma *fatalidade* do fim deste século." E por que *fazer* a reforma agrária não é também uma fatalidade? E por que *acabar* com a fome e com a miséria não são igualmente fatalidades de que não se pode fugir?

É reacionária a afirmação segundo a qual o que interessa aos operários é alcançar o máximo de sua eficácia técnica e não perder tempo com debates "ideológicos" que a nada levam. O operário precisa inventar, a partir do próprio trabalho, a sua *cidadania*, que não se constrói apenas com sua eficácia técnica, mas também com sua luta política em favor da recriação da sociedade injusta, a ceder seu lugar a outra menos injusta e mais humana.

Naturalmente, reinsisto, o empresário moderno aceita, estimula e patrocina o treino técnico de "seu" operário. O que ele necessariamente recusa é a sua *formação* que, envolvendo o saber técnico e científico indispensável, fala de sua *presença no mundo*. Presença humana, presença ética, aviltada toda vez que transformada em pura *sombra*.

Não posso ser professor se não percebo cada vez melhor que, por não poder ser neutra, minha prática exige de mim uma definição. Uma tomada de posição. Decisão. Ruptura. Exige de mim que escolha entre isto e aquilo. Não posso ser professor a favor de quem quer que seja e a favor de não importa o quê. Não posso ser professor a favor simplesmente do homem ou da humanidade, frase de uma vaguidade demasiado contrastante com a concretude da prática educativa. Sou professor a favor da decência contra o despudor, a favor da liberdade contra o autoritarismo, da autoridade contra a licenciosidade, da democracia contra a ditadura de direita ou de esquerda. Sou professor a favor da luta constante contra qualquer forma de discriminação, contra a dominação econômica dos indivíduos ou das classes sociais. Sou professor contra a ordem capitalista vigente que inventou esta aberração: *a miséria na fartura*. Sou professor a favor da esperança que me anima apesar de tudo. Sou professor contra o desengano que me consome e imobiliza. Sou professor a favor da boniteza de minha própria prática, boniteza que dela some se não cuido do saber que devo ensinar, se não brigo por este saber, se não luto pelas condições materiais necessárias sem as quais meu corpo, descuidado, corre o risco de se amofinar e de já não ser o testemunho que deve ser de lutador pertinaz, que cansa mas não desiste. Boniteza que se esvai de minha prática se, cheio de mim mesmo, arrogante e desdenhoso dos alunos, não canso de me admirar.

Assim como não posso ser professor sem me achar capacitado para ensinar certo e bem os conteúdos de minha disciplina, não posso, por outro lado, reduzir minha prática docente ao puro ensino daqueles conteúdos. Esse é um momento apenas de minha atividade pedagógica. Tão importante quanto ele, o ensino dos conteúdos, é o meu testemunho ético ao ensiná-los. É a decência com que o faço. É a preparação científica revelada sem arrogância, pelo contrário, com humildade. É o respeito jamais negado ao educando, a seu "saber de experiência feito" que busco superar com ele. Tão importante quanto o ensino dos conteúdos é a minha coerência na classe. A coerência entre o que digo, o que escrevo e o que faço.

É importante que os alunos percebam o esforço que faz o professor ou a professora procurando sua coerência. É preciso também que este esforço seja de quando em vez discutido na classe. Há situações em que a conduta da professora pode parecer aos alunos contraditória. Isto se dá quase sempre quando o professor simplesmente exerce sua autoridade na coordenação das atividades na classe e parece aos alunos que ele, o professor, exorbitou de seu poder. Às vezes, é o próprio professor que não está certo de ter realmente ultrapassado o limite de sua autoridade ou não.

3.4 ENSINAR EXIGE LIBERDADE E AUTORIDADE

Noutro momento deste texto me refiro ao fato de não termos ainda resolvido o problema da tensão entre a autoridade e a liberdade. Inclinados a superar a tradição autoritária, tão presente entre nós, resvalamos para formas licenciosas de comportamento e descobrimos autoritarismo onde só houve o exercício legítimo da autoridade.

Recentemente, jovem professor universitário, de opção democrática, comentava comigo o que lhe parecia ter sido um desvio seu no uso de sua autoridade. Disse, constrangido, ter se oposto a que um aluno de outra classe continuasse na porta entreaberta de sua sala, a manter uma conversa gesticulada com uma das alunas. Ele tivera inclusive que parar sua fala em face do descompasso que a situação provocava. Para ele, sua decisão, com que devolvera ao espaço pedagógico o necessário clima para continuar sua atividade específica e com a qual restaurara o direito dos estudantes e o seu de prosseguir a prática docente, fora autoritária. Na verdade, não. Licencioso teria sido se tivesse permitido que a indisciplina de uma liberdade mal centrada desequilibrasse o contexto pedagógico, prejudicando assim o seu funcionamento.

Num dos inúmeros debates de que venho participando, e em que discutia precisamente a questão dos limites sem os quais a liberdade se perverte em licença e a autoridade em autoritarismo, ouvi de um dos participantes que, ao falar dos limites à liberdade, eu estava repetindo a cantilena que caracterizava o discurso de professor seu, reconhecidamente reacionário, durante o regime militar. Para o meu interlocutor, a liberdade estava acima de qualquer limite. Para mim, não, exatamente porque aposto nela, porque sei que, sem ela, a existência só tem valor e sentido na luta em favor dela. A liberdade sem limite é tão negada quanto a liberdade asfixiada ou castrada.

O grande problema que se coloca ao educador ou à educadora de opção democrática é como trabalhar no sentido de fazer possível que a necessidade do limite seja assumida eticamente pela liberdade. Quanto mais criticamente a liberdade assuma o limite necessário tanto mais autoridade tem ela, eticamente falando, para continuar lutando em seu nome.

Gostaria uma vez mais de deixar bem expresso o quanto aposto na liberdade, o quanto me parece fundamental que ela se exercite assumindo decisões. Foi isso, pelo menos, o que marcou a minha experiência de filho, de irmão, de aluno, de professor, de marido, de pai e de cidadão.

A liberdade amadurece no confronto com outras liberdades, na defesa de seus direitos em face da autoridade dos pais, do professor, do Estado. É claro que nem sempre a liberdade do adolescente faz a melhor decisão com relação a seu amanhã. É indispensável que os pais tomem parte das discussões com os filhos em torno desse amanhã. Não podem nem devem omitir-se, mas precisam saber e assumir que o *futuro* é de seus filhos e não seu. É preferível, para mim, reforçar o direito que têm à liberdade de decidir, mesmo correndo o risco de não acertar, a seguir a decisão dos pais. É decidindo que se aprende a decidir. Não posso aprender a ser eu mesmo se não decido nunca porque há sempre a sabedoria e a sensatez de meu pai e de minha mãe a decidir por mim. Não valem argumentos imediatistas como: "Já imaginou o risco, por exemplo, que você corre, de perder tempo e oportunidade, insistindo nessa ideia maluca?" A ideia do filho, naturalmente. O que há de pragmático em nossa existência não pode sobrepor-se ao imperativo ético de que não podemos fugir. O filho tem, no mínimo, o direito de provar a "maluquice de sua ideia". Por outro lado, faz parte do aprendizado da decisão a assunção das consequências do ato de decidir. Não há decisão a que não se sigam efeitos esperados, pouco esperados ou inesperados. Por isso é que a decisão é um processo responsável. Uma das tarefas pedagógicas dos pais é deixar óbvio aos filhos que sua participação no processo de tomada de decisão deles não é uma intromissão, mas um dever, até, desde que não pretendam assumir a missão de decidir por eles. A participação dos pais se deve dar sobretudo na análise, com os filhos, das consequências possíveis da decisão a ser tomada.

A posição da mãe ou do pai é a de quem, sem nenhum prejuízo ou rebaixamento de sua autoridade, humildemente, aceita o papel de enorme importância de assessor ou assessora do filho ou da filha. Assessor que, embora batendo-se pelo acerto de sua visão das coisas, jamais tenta impor sua vontade ou se abespinha porque seu ponto de vista não foi aceito.

O que é preciso, fundamentalmente mesmo, é que o filho assuma eticamente, responsavelmente, sua decisão, fundante de sua autonomia. Ninguém é autônomo primeiro para depois decidir. A autonomia vai se constituindo na experiência de várias, inúmeras decisões que vão sendo tomadas. Por que, por exemplo, não desafiar o filho, ainda criança, no sentido de participar da escolha da melhor hora para fazer seus deveres escolares? Por que o melhor tempo para esta tarefa é sempre o dos pais? Por que perder a oportunidade de ir sublinhando aos filhos o dever e o direito que eles têm, como gente, de ir forjando sua própria autonomia? Ninguém é sujeito da autonomia de ninguém. Por outro lado, ninguém amadurece de repente, aos vinte e cinco anos. A gente vai amadurecendo todo dia, ou não. A autonomia, enquanto amadurecimento do *ser para si*, é processo, é vir a ser. Não ocorre em data marcada. É neste sentido que uma pedagogia da autonomia tem de estar centrada em experiências estimuladoras da decisão e da responsabilidade, vale dizer, em experiências respeitosas da liberdade.

Uma coisa me parece muito clara hoje: jamais tive medo de apostar na liberdade, na seriedade, na amorosidade, na solidariedade, na luta em favor das quais aprendi o valor e a importância da raiva. Jamais receei ser criticado por minha mulher, por minhas filhas, por meus filhos, assim como pelos alunos e alunas com quem tenho trabalhado ao longo dos anos, porque tivesse apostado demasiado na liberdade, na esperança, na palavra do outro, na sua vontade de erguer-se ou reerguer-se, por ter sido mais ingênuo do que crítico. O que temi, nos diferentes momentos de minha vida, foi dar margem, por gestos ou palavrações, a ser considerado um oportunista, um "realista", "um homem de pé no chão", ou um desses "equilibristas" que se acham sempre "em cima do muro" à espera de saber qual a onda que se fará poder.

O que sempre deliberadamente recusei, em nome do próprio respeito à liberdade, foi sua distorção em licenciosidade. O que sempre procurei foi viver em plenitude a relação tensa, contraditória e não mecânica, entre autoridade e liberdade, no sentido de assegurar o respeito entre ambas, cuja ruptura provoca a hipertrofia de uma ou de outra.

É interessante observar como, de modo geral, os autoritários consideram, amiúde, o respeito indispensável à liberdade como expressão de incorrigível espontaneísmo e os licenciosos descobrem autoritarismo

Ninguém é sujeito da autonomia de ninguém. Por outro lado, ninguém amadurece de repente, aos vinte e cinco anos. A gente vai amadurecendo todo dia, ou não. A autonomia, enquanto amadurecimento do *ser para si*, é processo, é vir a ser.

em toda manifestação legítima da autoridade. A posição mais difícil, indiscutivelmente correta, é a do democrata, coerente com seu sonho solidário e igualitário, para quem não é possível autoridade sem liberdade e esta sem aquela.

3.5 ENSINAR EXIGE TOMADA CONSCIENTE DE DECISÕES

Voltemos à questão central que venho discutindo nesta parte do texto: a educação, especificidade humana, como um ato de intervenção no mundo. É preciso deixar claro que o conceito de intervenção não está sendo usado com nenhuma restrição semântica. Quando falo em educação como intervenção me refiro tanto à que aspira a mudanças radicais na sociedade, no campo da economia, das relações humanas, da propriedade, do direito ao trabalho, à terra, à educação, à saúde, quanto à que, pelo contrário, reacionariamente pretende imobilizar a história e manter a ordem injusta.

Estas formas de intervenção, com ênfase mais num aspecto do que noutro, nos dividem em nossas opções em relação a cuja pureza nem sempre somos leais. Rara vez, por exemplo, percebemos a incoerência agressiva que existe entre as nossas afirmações "progressistas" e o nosso estilo desastrosamente elitista de ser intelectuais. E que dizer de educadores que se dizem progressistas mas de prática pedagógico-política eminentemente autoritária? Não é por outra razão que insisti tanto, em *Professora, sim; tia, não*, na necessidade de criarmos, em nossa prática docente, entre outras, a virtude da *coerência*. Não há nada talvez que desgaste mais um professor que se diz progressista do que sua prática racista, por exemplo. É interessante observar como há mais coerência entre os intelectuais autoritários, de direita ou de esquerda. Dificilmente um deles ou uma delas respeita e estimula a curiosidade crítica nos educandos, o gosto da aventura.

Dificilmente contribui, de maneira deliberada e consciente, para a constituição e a solidez da *autonomia* do ser do educando. De modo geral, teimam em depositar nos alunos apassivados a descrição do perfil dos conteúdos, em lugar de desafiá-los a *apreender* a substantividade dos mesmos, enquanto objetos gnosiológicos, somente como os *aprendem*.

É na diretividade da educação, esta vocação que ela tem, como ação especificamente humana, de "endereçar-se" até sonhos, ideais, utopias e objetivos, que se acha o que venho chamando *politicidade* da educação. A qualidade de ser política, inerente à sua natureza. É impossível, na verdade, a neutralidade da educação. E é impossível não porque professoras e professores "baderneiros" e "subversivos" o determinem. A educação não *vira* política por causa da decisão deste ou daquele educador. Ela *é* política. Quem pensa assim, quem afirma que é por obra deste ou daquele educador, mais ativista que outra coisa, que a educação *vira* política não pode esconder a forma depreciativa como entende a política. Pois é na medida mesma em que a educação é deturpada e diminuída pela ação de "baderneiros" que ela, deixando de ser verdadeira educação, passa a ser política, algo sem valor.

A raiz mais profunda da politicidade da educação se acha na *educabilidade* mesma do ser humano, que se funda na sua natureza inacabada e da qual se tornou consciente. Inacabado e consciente de seu inacabamento, histórico, necessariamente o ser humano se faria um ser ético, um ser de opções, de decisão. Um ser ligado a interesses e em relação aos quais tanto pode manter-se fiel à eticidade quanto pode transgredi-la. É exatamente porque nos tornamos éticos que se criou para nós a probabilidade, como afirmei antes, de violar a ética.

Para que a educação fosse neutra era preciso que não houvesse discordância nenhuma entre as pessoas com relação aos modos de vida individual e social, com relação ao estilo político a ser posto em prática, aos valores a ser encarnados. Era preciso que não houvesse, em nosso caso, por exemplo, nenhuma divergência em face da fome e da miséria no Brasil e no mundo; era necessário que toda a população nacional aceitasse mesmo que elas, miséria e fome, aqui e fora daqui, são uma fatalidade do fim do século. Era preciso também que houvesse unanimidade na forma de enfrentá-las para superá-las. Para que a educação não fosse uma forma política de intervenção no mundo era indispensável que o mundo em que ela se desse não fosse humano. Há uma incompatibilidade total entre o mundo humano da fala, da percepção, da inteligibilidade, da comunicabilidade, da ação, da observação, da comparação, da verificação, da busca, da escolha, da decisão, da ruptura, da ética e da possibilidade de sua transgressão e a neutralidade não importa de quê.

O que devo pretender não é a neutralidade da educação, mas o respeito, a toda prova, aos educandos, aos educadores e às educadoras. O respeito aos educadores e educadoras por parte da administração pública ou privada das escolas; o respeito aos educandos assumido e praticado pelos educadores não importa de que escola, particular ou pública. É por isso que devo lutar sem cansaço. Lutar pelo direito que tenho de ser respeitado e pelo dever que tenho de reagir a que me destratem. Lutar pelo direito que você, que me lê, professora ou aluna, tem de ser você mesma e nunca, jamais, lutar por essa coisa impossível, acinzentada e insossa que é a neutralidade. Que é mesmo a minha neutralidade senão a maneira cômoda, talvez, mas hipócrita, de esconder minha opção ou meu medo de acusar a injustiça? "Lavar as mãos" em face da opressão é reforçar o poder do opressor, é optar por ele. Como posso ser neutro diante da situação, não importa qual seja ela, em que o corpo das mulheres e dos homens vira puro objeto de espoliação e de descaso?

O que se coloca à educadora ou ao educador democrático, consciente da impossibilidade da neutralidade da educação, é forjar em si um saber especial, que jamais deve abandonar, saber que motiva e sustenta sua luta: *se a educação não pode tudo, alguma coisa fundamental a educação pode*. Se a educação não é a chave das transformações sociais, não é também simplesmente reprodutora da ideologia dominante. O que quero dizer é que a educação nem é uma força imbatível a serviço da transformação da sociedade, porque assim eu queira, nem tampouco é a perpetuação do *status quo*, porque o dominante o decrete. O educador e a educadora críticos não podem pensar que, a partir do curso que coordenam ou do seminário que lideram, podem transformar o país. Mas podem demonstrar que é possível mudar. E isso reforça nele ou nela a importância de sua tarefa político-pedagógica.

A professora democrática, coerente, competente, que testemunha seu gosto de vida, sua esperança no mundo melhor, que atesta sua capacidade de luta, seu respeito às diferenças, sabe cada vez mais o valor que tem, para a modificação da realidade, a maneira consistente com que vive sua *presença no mundo*, de que sua experiência na escola é apenas um momento, mas um momento importante que precisa ser autenticamente vivido.

3.6 ENSINAR EXIGE SABER ESCUTAR

Recentemente, em conversa com um grupo de amigos e amigas, uma delas, a professora Olgair Garcia, me disse que, em sua experiência pedagógica de professora de crianças e de adolescentes, mas também de professora de professoras, vinha observando quão importante e necessário é *saber escutar*. Se, na verdade, o sonho que nos anima é democrático e solidário, não é falando aos outros, de cima para baixo, sobretudo, como se fôssemos os portadores da verdade a ser transmitida aos demais, que aprendemos a *escutar*, mas é *escutando* que aprendemos a *falar com eles*. Somente quem escuta paciente e criticamente o outro, fala *com ele*, mesmo que, em certas condições, precise falar *a ele*. O que jamais faz quem aprende a escutar para poder *falar com* é falar *impositivamente*. Até quando, necessariamente, fala contra posições ou concepções do outro, fala *com ele* como sujeito da escuta de sua fala crítica, e não como objeto de seu discurso. O educador que escuta aprende a difícil lição de transformar o seu discurso, às vezes necessário, ao aluno, em uma fala *com ele*.

Há um sinal dos tempos, entre outros, que me assusta: a insistência com que, em nome da democracia, da liberdade e da eficácia, se vem asfixiando a própria liberdade e, por extensão, a criatividade e o gosto da aventura do espírito. A liberdade de mover-nos, de arriscar-nos vem sendo submetida a uma certa padronização de fórmulas, de maneiras de ser, em relação às quais somos avaliados. É claro que já não se trata de asfixia truculentamente realizada pelo rei despótico sobre seus súditos, pelo senhor feudal sobre seus vassalos, pelo colonizador sobre os colonizados, pelo dono da fábrica sobre seus operários, pelo Estado autoritário sobre os cidadãos, mas pelo poder invisível da domesticação alienante que alcança a eficiência extraordinária no que venho chamando "burocratização da mente". Um estado refinado de estranheza, de "autodemissão" da mente, do corpo consciente, de conformismo do indivíduo, de acomodação diante de situações consideradas fatalistamente como imutáveis. É a posição de quem encara os fatos como algo consumado, como algo que se deu porque tinha que se dar da forma como se deu, é a posição, por isso mesmo, de quem entende e vive a história como *determinismo* e não como *possibilidade*. É a posição de quem se assume como *fragilidade* total diante do todo-poderosismo dos fatos que não apenas se deram porque tinham que se dar, mas que não podem ser "reorientados" ou alterados. Não há, nesta maneira mecanicista de compreender a história, lugar para a decisão humana.[21] Na medida mesma em que a desproblematização do tempo, de que resulta que o amanhã ora é a perpetuação do hoje, ora é algo que será porque está dito que será, não há lugar para a escolha, mas para a acomodação bem comportada ao que está aí ou ao que virá. Nada é possível de ser feito contra a globalização que, realizada porque tinha de ser realizada, tem de continuar seu destino, porque assim está misteriosamente escrito que deve ser. A globalização que reforça o mando das minorias poderosas e esmigalha e pulveriza a presença impotente dos dependentes, fazendo-os ainda mais impotentes, é destino dado. Em face dela não há outra saída senão que cada um baixe a cabeça docilmente e agradeça a Deus porque ainda está vivo. Agradeça a Deus ou à própria globalização.

Sempre recusei os fatalismos. Prefiro a rebeldia que me confirma como gente e que jamais deixou de provar que o ser humano é maior do que os mecanicismos que o minimizam.

A proclamada morte da história que significa, em última análise, a morte da utopia e do sonho, reforça, indiscutivelmente, os mecanismos de asfixia da liberdade. Daí que a briga pelo resgate do sentido da utopia, de que a prática educativa humanizante não pode deixar de estar impregnada, tenha de ser uma constante sua.

21. Cf. idem, *Pedagogia da esperança*.

Quanto mais me deixe seduzir pela aceitação da morte da história tanto mais admito que a impossibilidade do amanhã diferente implica a eternidade do hoje neoliberal que aí está, e a permanência do hoje mata em mim a possibilidade de sonhar. Desproblematizando o tempo, a chamada morte da história decreta o imobilismo que nega o ser humano.

A desconsideração total pela *formação* integral do ser humano e a sua redução a puro *treino* fortalecem a maneira autoritária de falar de cima para baixo. Nesse caso, *falar a*, que na perspectiva democrática é um possível momento do *falar com*, nem sequer é ensaiado. A desconsideração total pela formação integral do ser humano, a sua redução a puro treino fortalecem a maneira autoritária de falar de cima para baixo, a que falta, por isso mesmo, a intenção de sua democratização no *falar com*.

Os sistemas de avaliação pedagógica de alunos e de professores vêm se assumindo cada vez mais como discursos verticais, de cima para baixo, mas insistindo em passar por democráticos. A questão que se coloca a nós, enquanto professores e alunos críticos e amorosos da liberdade, não é, naturalmente, ficar contra a avaliação, de resto necessária, mas resistir aos métodos silenciadores com que ela vem sendo às vezes realizada. A questão que se coloca a nós é lutar em favor da compreensão e da prática da avaliação enquanto instrumento de apreciação do quefazer de sujeitos críticos a serviço, por isso mesmo, da libertação e não da domesticação. Avaliação em que se estimule o *falar a* como caminho do *falar com*.

No processo da *fala* e da *escuta*, a disciplina do silêncio a ser assumida com rigor e a seu tempo pelos sujeitos que falam e escutam é um *sine qua* da comunicação dialógica. O primeiro sinal de que o sujeito que fala sabe escutar é a demonstração de sua capacidade de controlar não

ensinar exige

curio
sidade

Paulo Freire

só a necessidade de dizer a sua palavra, que é um direito, mas também o gosto pessoal, profundamente respeitável, de expressá-la. Quem tem o que dizer tem igualmente o direito e o dever de dizê-lo. É preciso, porém, que quem tem o que dizer saiba, sem sombra de dúvida, não ser o único ou a única a ter o que dizer. Mais ainda, que o que tem a dizer não é necessariamente, por mais importante que seja, a verdade alvissareira por todos esperada. É preciso que quem tem o que dizer saiba, sem dúvida nenhuma, que, sem escutar o que quem escuta tem igualmente a dizer, termina por esgotar a sua capacidade de dizer por muito ter dito sem nada ou quase nada ter escutado.

Por isso é que, acrescento, quem tem o que dizer deve assumir o dever de motivar, de desafiar quem escuta, no sentido de que quem escuta diga, fale, *responda*. É intolerável o direito que se dá a si mesmo o educador autoritário de comportar-se como o proprietário da verdade de que se apossa e do tempo para discorrer sobre ela. Para ele, quem escuta sequer tem tempo próprio, pois o tempo de quem escuta é o seu, o tempo de sua fala. Sua fala, por isso mesmo, se dá num espaço *silenciado* e não num espaço *com* ou *em* silêncio. Ao contrário, o espaço do educador democrático, que aprende a falar escutando, é "cortado" pelo silêncio intermitente de quem, falando, cala para escutar a quem, *silencioso*, e não *silenciado*, fala.

A importância do silêncio no espaço da comunicação é fundamental. De um lado, me proporciona que, ao escutar, como sujeito e não como objeto, a fala comunicante de alguém, procure "entrar" no movimento interno do seu pensamento, virando linguagem; de outro, torna possível a quem fala, realmente comprometido com *comunicar* e não com fazer puros *comunicados*, escutar a indagação, a dúvida, a criação de quem escutou. Fora disso, fenece a comunicação.

Voltemos a um ponto referido antes, mas sobre que preciso insistir. Uma das características da experiência *existencial no mundo* em comparação com a *vida no suporte* é a capacidade que mulheres e homens criamos de inteligir o mundo sobre que e em que atuamos, o que se deu simultaneamente com a comunicabilidade do inteligido. Não há inteligência da realidade sem a possibilidade de ser comunicada. Um dos sérios problemas que temos é como trabalhar a linguagem oral ou escrita associada ou não à força da imagem, no sentido de efetivar a comunicação que se acha na própria compreensão ou inteligência do mundo. A comunicabilidade do *inteligido* é a possibilidade que ele tem de ser comunicado, mas não é ainda a sua comunicação.

Sou tão melhor professor, então, quanto mais eficazmente consiga provocar o educando no sentido de que prepare ou refine sua curiosidade, que deve trabalhar com minha ajuda, com vistas a que produza sua inteligência do objeto ou do conteúdo de que falo. Na verdade, meu papel como professor, ao ensinar o conteúdo *a* ou *b*, não é apenas o de me esforçar para, com clareza máxima, descrever a substantividade do conteúdo para que o aluno o fixe. Meu papel fundamental, ao falar com clareza sobre o objeto, é incitar o aluno a fim de que ele, com os materiais que ofereço, produza a compreensão do objeto em lugar de recebê-la, na íntegra, de mim. Ele precisa se apropriar da *inteligência* do conteúdo para que a verdadeira relação de comunicação entre mim, como professor, e ele, como aluno, se estabeleça. É por isso, repito, que ensinar não é transferir conteúdo a ninguém, assim como aprender não é memorizar o perfil do conteúdo transferido no discurso vertical do professor. Ensinar e aprender têm que ver com o esforço metodicamente crítico do professor de desvelar a compreensão de algo e com o empenho igualmente crítico do aluno de ir *entrando* como sujeito em aprendizagem, no processo de desvelamento que o professor ou professora deve deflagrar. Isso não tem nada que ver com a transferência de conteúdo e fala da dificuldade, mas, ao mesmo tempo, da boniteza da docência e da discência.

Não é difícil compreender, assim, como uma de minhas tarefas centrais como educador progressista seja apoiar o educando para que ele mesmo vença suas dificuldades na compreensão ou na inteligência do objeto e para que sua curiosidade, compensada e gratificada pelo êxito da compreensão alcançada, seja mantida e, assim, estimulada a continuar a busca permanente que o processo de conhecer implica. Que me seja perdoada a reiteração, mas é preciso enfatizar, mais uma vez: ensinar não é transferir a inteligência do objeto ao educando, mas instigá-lo no sentido de que, como sujeito cognoscente, se torne capaz de inteligir e comunicar o inteligido. É neste sentido que se impõe a mim *escutar* o educando em suas dúvidas, em seus receios, em sua incompetência provisória. E, ao escutá-lo, aprendo a falar *com* ele.

Escutar é obviamente algo que vai mais além da possibilidade auditiva de cada um. Escutar, no sentido aqui discutido, significa a disponibilidade permanente por parte do sujeito que escuta para a abertura à fala do outro, ao gesto do outro, às diferenças do outro. Isso não quer dizer, evidentemente, que escutar exija de quem realmente escuta sua redução ao outro que fala. Isso não seria *escuta*, mas autoanulação. A verdadeira escuta não diminui em mim, em nada, a capacidade de exercer o direito de discordar, de me opor, de me posicionar. Pelo contrário, é escutando bem que me preparo para melhor me colocar ou melhor me situar do ponto de vista das ideias. Como sujeito que se dá ao discurso do outro, sem preconceitos, o bom escutador fala e diz de sua posição com desenvoltura. Precisamente porque *escuta*, sua fala discordante, sendo afirmativa, porque escuta, jamais é autoritária.

Não é difícil perceber como há umas tantas qualidades que a escuta legítima demanda do seu sujeito. Qualidades que vão sendo constituídas na prática democrática de *escutar*.

Deve fazer parte de nossa formação discutir quais são estas qualidades indispensáveis, mesmo sabendo que elas precisam ser criadas por nós, em nossa prática, se nossa opção político-pedagógica é democrática ou progressista e se somos coerentes com ela. É preciso que saibamos que, sem certas qualidades ou virtudes como amorosidade, respeito aos outros, tolerância, humildade, gosto da alegria, gosto da vida, abertura ao novo, disponibilidade à mudança, persistência na luta, recusa aos fatalismos, identificação com a esperança, abertura à justiça, não é possível a prática pedagógico-progressista, que não se faz apenas com ciência e técnica.

Aceitar e respeitar a diferença é uma dessas virtudes sem o que a escuta não se pode dar. Se discrimino o menino ou menina pobre, a menina ou o menino negro, o menino índio, a menina rica; se discrimino a mulher, a camponesa, a operária, não posso evidentemente escutá-los, e, se não os escuto, não posso falar *com* eles, mas a eles, de *cima para baixo*. Sobretudo, me proíbo entendê-los. Se me sinto superior ao diferente, não importa quem seja, recuso *escutá-lo* ou *escutá-la*. O diferente não é o *outro* a merecer respeito, é um *isto* ou *aquilo*, destratável ou desprezível.

Se a estrutura do meu pensamento é a única certa, irrepreensível, não posso *escutar* quem pensa e elabora seu discurso de outra maneira que não a minha. Nem tampouco escuto quem fala ou escreve fora dos padrões da gramática dominante. E como estar aberto às formas de ser, de pensar, de valorar, consideradas por nós demasiado estranhas e exóticas, de outra cultura?

Vemos como o respeito às diferenças e obviamente aos diferentes exige de nós a humildade que nos adverte dos riscos de ultrapassagem dos limites além dos quais a nossa autovalia necessária vira arrogância e desrespeito aos demais. É preciso afirmar que ninguém pode ser humilde por puro formalismo, como se cumprisse mera obrigação burocrática. A humildade exprime, pelo contrário, uma das raras certezas de que estou certo: a de que ninguém é superior a ninguém. A falta de humildade, expressa na arrogância e na falsa superioridade de uma pessoa sobre a outra, de uma raça sobre a outra, de um gênero sobre o outro, de uma classe ou de uma cultura sobre a outra, é uma transgressão da vocação humana do *Ser Mais*.[22] O que a humildade não pode exigir de mim é a minha submissão à arrogância e ao destempero de quem me desrespeita. O que a humildade exige de mim, quando não posso reagir à altura da afronta, é enfrentá-la com dignidade. A dignidade do meu silêncio e a do meu olhar, que transmitem o meu protesto possível.

É óbvio que não posso me bater fisicamente com um jovem a quem não é necessário juntar robustez e, menos ainda, a qualidade de lutador. Nem por isso, porém, devo amesquinhar-me diante de seu desrespeito e de seu agravo, trazendo-os comigo de volta para casa sem um gesto ao menos de protesto. É preciso que, assumindo com gravidade a minha impotência na relação de poder entre mim e ele, fique sublinhada sua covardia. É necessário que ele saiba que eu sei que sua falta de valor ético o inferioriza. É preciso que ele saiba que, se fisicamente pode golpear-me e seus golpes me causam dor, não tem, contudo, a força suficiente para dobrar-me a seu arbítrio.

Sem bater fisicamente no educando o professor pode golpeá-lo, impor-lhe desgostos e prejudicá-lo no processo de sua aprendizagem. A resistência do professor,

---

22. Cf. Idem, *Pedagogia do oprimido*.

por exemplo, em respeitar a "leitura de mundo" com que o educando chega à escola, obviamente condicionada por sua cultura de classe e revelada em sua linguagem, também de classe, se constitui um obstáculo à sua experiência de conhecimento. Respeitar a "leitura de mundo" do educando, como tenho insistido neste e em outros trabalhos, saber escutá-lo, não significa, já deixei isto claro, *concordar* com ela, a leitura de mundo, ou a ela se acomodar, assumindo-a como sua. Respeitar a leitura de mundo do educando não é também um jogo tático com que o educador ou educadora procura tornar-se simpático ao educando.

É a maneira correta que tem o educador de, *com* o educando e não *sobre* ele, tentar a superação de uma maneira mais ingênua por outra mais crítica de inteligir o mundo. Respeitar a leitura de mundo do educando significa tomá-la como ponto de partida para a compreensão do papel da *curiosidade,* de modo geral, e da humana, de modo especial, como um dos impulsos fundantes da produção do conhecimento. É preciso que, ao respeitar a leitura de mundo do educando para ir mais além dela, o educador deixe claro que a curiosidade fundamental à inteligibilidade do mundo é histórica e se dá na história, se aperfeiçoa, muda qualitativamente, se faz metodicamente rigorosa. E a curiosidade assim metodicamente rigorizada faz achados cada vez mais exatos. No fundo, o educador que respeita a leitura de mundo do educando reconhece a historicidade do saber, o caráter histórico da curiosidade, por isso mesmo, recusando a arrogância cientificista, assume a humildade crítica, própria da posição verdadeiramente científica.

O desrespeito à leitura de mundo do educando revela o gosto elitista, portanto antidemocrático, do educador que, por isso mesmo, não escutando o educando, *com* ele não fala. *Nele* deposita seus comunicados.

Há algo ainda de real importância a ser discutido na reflexão sobre a recusa ou ao respeito à leitura de mundo do educando por parte do educador. A leitura de mundo revela, evidentemente, a inteligência do mundo que vem cultural e socialmente se constituindo. Revela também o trabalho individual de cada sujeito no próprio processo de assimilação da inteligência do mundo.

Uma das tarefas essenciais da escola, como centro de produção sistemática de conhecimento, é trabalhar criticamente a inteligibilidade das coisas e dos fatos e a sua comunicabilidade. É imprescindível, portanto, que a escola instigue constantemente a curiosidade do educando em vez de "amaciá"-la ou "domesticá"-la. É preciso mostrar ao educando que o uso ingênuo da curiosidade altera a sua capacidade de *achar* e obstaculiza a exatidão do *achado*. É preciso por outro lado, e sobretudo, que o educando vá assumindo o papel de sujeito da produção de sua inteligência do mundo e não apenas o de *recebedor* da que lhe seja transferida pelo professor.

Quanto mais me torno capaz de me afirmar como *sujeito* que pode conhecer tanto melhor desempenho minha aptidão para fazê-lo.

Ninguém pode conhecer por mim, assim como não posso conhecer pelo aluno. O que posso e o que devo fazer, na perspectiva progressista em que me acho, é, ao ensinar-lhe certo conteúdo, desafiá-lo a que se vá percebendo na e pela própria prática, sujeito capaz de saber. Meu papel de professor progressista não é apenas o de ensinar matemática ou biologia, mas o de, tratando a temática que é objeto, de um lado de meu ensino, de outro, da aprendizagem do aluno, ajudá-lo a reconhecer-se como *arquiteto* de sua própria prática cognoscitiva.

Todo ensino de conteúdos demanda de quem se acha na posição de aprendiz que, a partir de certo momento, vá assumindo a *autoria* também do conhecimento do objeto. O professor autoritário, que se recusa a *escutar* os alunos, se fecha a esta aventura criadora. Nega a si mesmo a participação neste momento de boniteza singular: o da afirmação do educando como sujeito de conhecimento. É por isso que o ensino dos conteúdos, criticamente realizado, envolve a *abertura* total do professor ou da professora à tentativa legítima do educando para tomar em suas mãos a responsabilidade de sujeito que conhece. Mais ainda, envolve a iniciativa do professor que deve estimular aquela tentativa no educando, ajudando-o para que a efetive.

É neste sentido que se pode afirmar ser tão errado separar prática de teoria, pensamento de ação, linguagem de ideologia, quanto separar ensino de conteúdos de chamamento ao educando para que se vá fazendo sujeito do processo de aprendê-los. Numa perspectiva progressista o que devo fazer é experimentar a unidade dinâmica entre o ensino do conteúdo e o ensino do que é e de como aprender. É ensinando matemática que ensino também como aprender e como ensinar, como exercer a curiosidade epistemológica indispensável à produção do conhecimento.

3.7 ENSINAR EXIGE RECONHECER QUE A EDUCAÇÃO É IDEOLÓGICA

Saber igualmente fundamental à prática educativa do professor ou da professora é o que diz respeito à força, às vezes maior do que pensamos, da ideologia. É o que nos adverte de suas manhas, das armadilhas em que nos faz cair. É que a ideologia tem que ver diretamente com a ocultação da verdade dos fatos, com o uso da linguagem para penumbrar ou opacizar a realidade ao mesmo tempo que nos torna "míopes".

O poder da ideologia me faz pensar nessas manhãs orvalhadas de nevoeiro em que mal vemos o perfil dos ciprestes como sombras que parecem muito mais manchas das sombras mesmas. Sabemos que há algo metido na penumbra mas não o divisamos bem. A própria "miopia" que nos acomete dificulta a percepção mais clara, mais nítida da sombra. Mais séria ainda é a possibilidade que temos de docilmente aceitar que o que vemos e ouvimos é o que na verdade é, e não a verdade distorcida. A capacidade de penumbrar a realidade, de nos "miopizar", de nos ensurdecer que tem a ideologia nos faz, por exemplo, a muitos de nós, aceitar docilmente o discurso cinicamente fatalista neoliberal que proclama ser o desemprego no mundo uma desgraça do fim de século. Ou que os sonhos morreram e que o válido hoje é o "pragmatismo" pedagógico, é o treino técnico-científico do educando e não sua formação de que já não se fala. Formação que, incluindo a preparação técnico-científica, vai mais além dela.

A capacidade de nos *amaciar* que tem a ideologia nos faz às vezes mansamente aceitar que a globalização da economia é uma invenção dela mesma ou de um destino que não se poderia evitar, uma quase entidade metafísica e não um momento do desenvolvimento econômico submetido, como toda produção econômica capitalista, a uma certa orientação política ditada pelos interesses dos que detêm o poder. Fala-se, porém, em globalização da economia como um momento necessário da economia mundial a que, por isso mesmo, não é possível escapar. Universaliza-se um dado do sistema capitalista e um instante da vida produtiva de certas economias capitalistas hegemônicas, como se o Brasil, o México, a Argentina devessem participar da globalização da economia da mesma forma que os Estados Unidos, a Alemanha, o Japão. Pega-se o trem no meio do caminho e não se discutem as condições anteriores e atuais das diferentes economias. Nivelam-se os patamares de deveres entre as distintas economias sem se considerarem as distâncias que separam os "direitos" dos fortes e o seu poder de usufruí-los e a fraqueza dos débeis para exercer os seus direitos. Se a globalização implica a superação de fronteiras, a abertura sem restrições ao livre-comércio, acabe-se, então, quem não puder resistir. Não se indaga, por exemplo, se, em momentos anteriores da produção capitalista nas sociedades que lideram a globalização hoje, elas eram tão radicais na abertura que consideram agora uma condição indispensável ao livre-comércio. Exigem, no momento, dos outros, o que não fizeram consigo mesmas. Uma das eficácias de sua ideologia fatalista é convencer os prejudicados das economias submetidas de que a realidade é assim mesmo, de que não há nada a fazer senão seguir a ordem *natural* dos fatos. Pois é como algo *natural* ou quase natural que a ideologia neoliberal se esforça por nos fazer entender a globalização, e não como uma produção histórica.

O discurso da globalização que fala em ética esconde, porém, que a sua é a ética do mercado e não a ética universal do ser humano, pela qual devemos lutar bravamente se optamos, na verdade, por um mundo de gente. O discurso da globalização astutamente oculta ou nela busca penumbrar a reedição intensificada ao máximo, mesmo que modificada, da medonha malvadez com que o capitalismo aparece na história. O discurso ideológico da globalização procura disfarçar que ela vem robustecendo a riqueza de uns poucos e verticalizando a pobreza e a miséria de milhões. O sistema capitalista alcança no neoliberalismo globalizante o máximo de eficácia de sua malvadez intrínseca.

Espero, convencido de que chegará o tempo em que, passada a estupefação em face da queda do muro de Berlim, o mundo se refará e recusará a *ditadura* do mercado, fundada na perversidade de sua ética do lucro.

Não creio que as mulheres e os homens do mundo, independentemente até de suas opções políticas, mas sabendo-se e assumindo-se como mulheres e homens, como gente, não aprofundem o que hoje já existe como uma espécie de *mal-estar* que se generaliza em face da maldade neoliberal. Mal-estar que terminará por consolidar-se numa rebeldia nova em que a *palavra crítica*, o *discurso humanista*, o *compromisso solidário*, a *denúncia veemente da negação do homem e da mulher* e o *anúncio de um mundo genteficado* serão armas de incalculável alcance.

Há um século e meio Marx e Engels gritavam em favor da união das classes trabalhadoras do mundo contra sua espoliação. Agora, necessária e urgente se fazem a união e a rebelião das gentes contra a ameaça que nos atinge, a da negação de nós mesmos como seres humanos, submetidos à fereza da ética do mercado.

É neste sentido que jamais abandonei a minha preocupação primeira, que sempre me acompanhou, desde os começos de minha experiência educativa. A preocupação com a natureza humana,[23] a que devo a minha lealdade sempre proclamada. Antes mesmo de ler Marx já fazia minhas as suas palavras: já fundava a minha *radicalidade* na defesa dos legítimos interesses humanos. Nenhuma teoria da transformação político--social do mundo me comove, sequer, se não parte de uma compreensão do homem e da mulher enquanto seres fazedores da história e por ela feitos, seres da decisão, da ruptura, da opção. Seres éticos, mesmo capazes de transgredir a ética indispensável, algo de que tenho insistentemente "falado" neste texto. Tenho afirmado e reafirmado o quanto realmente me alegra saber-me um ser condicionado mas capaz de ultrapassar o próprio condicionamento. A grande força sobre que alicerçar-se a nova rebeldia é a ética universal do ser humano, e não

---

23. Cf. Paulo Freire, *Pedagogia da esperança, Cartas a Cristina* e *Pedagogia do oprimido*.

a do mercado, insensível a todo reclamo das gentes e apenas aberta à gulodice do lucro. É a ética da solidariedade humana.

Prefiro ser criticado como idealista e sonhador inveterado por continuar, sem relutar, a apostar no ser humano, a me bater por uma legislação que o defenda contra as arrancadas agressivas e injustas de quem transgride a própria ética. A liberdade do comércio não pode estar acima da liberdade do ser humano. A liberdade do comércio sem limite é licenciosidade do lucro. Vira privilégio de uns poucos que, em condições favoráveis, robustecem seu poder contra os direitos de muitos, inclusive o direito de sobreviver. Uma fábrica de tecido que fecha por não poder concorrer com os preços da produção asiática, por exemplo, significa não apenas o colapso econômico-financeiro de seu proprietário, que pode ter sido ou não um *transgressor* da ética universal humana, mas também a expulsão de centenas de trabalhadores e trabalhadoras do processo de produção. E suas famílias?

Insisto, com a força que tenho e que posso juntar, na minha veemente recusa a determinismos que reduzem a nossa presença na realidade histórico-social à pura adaptação a ela. O desemprego no mundo não é, como disse e tenho repetido, uma fatalidade. É antes o resultado de uma globalização da economia e de avanços tecnológicos a que vem faltando o *dever ser* de uma ética realmente a serviço do ser humano e não do lucro e da gulodice irrefreada das minorias que comandam o mundo.

O progresso científico e tecnológico que não responde fundamentalmente aos interesses humanos, às necessidades da nossa existência, perde, para mim, sua significação. A todo avanço tecnológico haveria de corresponder o empenho real de resposta imediata a qualquer desafio que pusesse em risco a alegria de viver dos homens e das mulheres. A um avanço tecnológico que ameaça milhares de mulheres e de homens de perder seu trabalho deveria corresponder outro avanço tecnológico que estivesse a serviço do atendimento das vítimas do progresso anterior. Como se vê, esta é uma questão ética e política e não tecnológica. O problema me parece muito claro. Assim como não posso usar minha liberdade de fazer coisas, de indagar, de caminhar, de agir, de criticar para esmagar a liberdade dos outros de fazer e de ser, assim também não poderia ser livre para usar os avanços científicos e tecnológicos que levem milhares de pessoas à desesperança. Não se trata, acrescentemos, de inibir a pesquisa e frear os avanços, mas de pô-los a serviço dos seres humanos. A aplicação de avanços tecnológicos com o sacrifício de milhares de pessoas é um exemplo a mais de quanto podemos ser transgressores da ética universal do ser humano e o fazemos em favor de uma ética pequena, a do mercado, a do lucro.

Entre as transgressões à ética universal do ser humano sujeitas à penalidade, deveria estar a que implicasse a falta de trabalho a um sem-número de gentes, a sua desesperação e a sua morte em vida.

A preocupação, por isso mesmo, com a formação técnico-profissional capaz de reorientar a atividade prática dos que foram postos entre parênteses teria de multiplicar-se.

Gostaria de deixar bem claro que não apenas imagino, mas sei quão difícil é a aplicação de uma política do desenvolvimento humano que, assim, privilegie fundamentalmente o homem e a mulher, e não apenas o lucro. Mas sei também que, se pretendemos realmente superar a crise em que nos achamos, o caminho *ético* se impõe. Não creio em nada sem ele ou fora dele. Se, de um lado, não pode haver desenvolvimento sem lucro, este não pode ser, por outro, o objetivo do desenvolvimento, de que o fim último seria o gozo imoral do investidor.

De nada vale, a não ser enganosamente para uma minoria, que terminaria fenecendo também, uma sociedade eficazmente operada por máquinas altamente "inteligentes", substituindo mulheres e homens em atividades as mais variadas e milhões de Marias e Pedros sem ter o que fazer. E este é um risco muito concreto que corremos.[24]

Não creio também que a política a dar carne a este espírito ético possa jamais ser a ditatorial, contraditoriamente de esquerda ou coerentemente de direita. O caminho autoritário já é em si uma contravenção à natureza inquietamente indagadora, buscadora, de homens e de mulheres que se perdem se perdem a liberdade.

É exatamente por causa de tudo isso que, como professor, devo estar advertido do poder do discurso ideológico, começando pelo que proclama a *morte* das ideologias. Na verdade, só ideologicamente posso matar as ideologias, mas é possível que não perceba a natureza ideológica do discurso que fala de sua morte. No fundo, a ideologia tem um poder de persuasão indiscutível. O discurso ideológico nos ameaça de *anestesiar* a mente, de confundir a curiosidade, de *distorcer* a percepção dos fatos, das coisas, dos acontecimentos. Não podemos escutar, sem um mínimo de reação crítica, discursos como estes:

"O negro é geneticamente inferior ao branco. É uma pena, mas é isso o que a ciência nos diz."

"Em defesa de sua honra, o marido matou a mulher."

"Que poderíamos esperar deles, uns baderneiros, invasores de terra?"

---

24. Joseph Moermann, "La globalization de l'economie provoquera-t-elle un mai 68 mondial? — La marmite mondiale sous pression". *Le Courrier*, 8 de abril de 1996, Suíça.

"Essa gente é sempre assim: damos-lhe os pés e logo quer as mãos."

"Nós já sabemos o que o povo quer e do que precisa. Perguntar-lhe seria uma perda de tempo."

"O saber erudito a ser entregue às massas incultas é a sua salvação."

"Maria é negra, mas é bondosa e competente."

"Esse sujeito é um bom cara. É nordestino, mas é sério e prestimoso."

"Você sabe com quem está falando?"

"Que vergonha, homem casar com homem, mulher casar com mulher."

"É isso, você vai se meter com gentinha, é o que dá."

"Quando negro não suja na entrada, suja na saída."

"O governo tem que investir mesmo é nas áreas onde mora gente que paga imposto."

"Você não precisa pensar. Vote em fulano, que pensa por você."

"Você, desempregado, seja grato. Vote em quem ajudou você. Vote em fulano de tal."

"Está se vendo, pela cara, que se trata de gente fina, de trato, que tomou chá em pequeno, e não de um pé-rapado qualquer."

"O professor falou sobre a *Inconfidência Mineira*."

"O Brasil foi *descoberto* por Cabral."

No exercício crítico de minha resistência ao poder manhoso da ideologia, vou gerando certas qualidades que vão virando sabedoria indispensável à minha prática docente. A necessidade desta resistência crítica, por exemplo, me predispõe, de um lado, a uma atitude sempre aberta aos demais, aos dados da realidade; de outro, a uma desconfiança metódica que me defende de tornar-me absolutamente certo das certezas. Para me resguardar das artimanhas da ideologia, não posso nem devo me fechar aos outros, nem tampouco me enclausurar no ciclo de minha verdade. Pelo contrário, o melhor caminho para guardar viva e desperta a minha capacidade de pensar certo, de ver com acuidade, de ouvir com respeito, por isso de forma exigente, é me deixar exposto às diferenças, é recusar posições dogmáticas, em que me admita como proprietário da verdade. No fundo, a atitude correta de quem não se sente dono da verdade nem tampouco objeto acomodado do discurso alheio que lhe é autoritariamente feito. Atitude correta de quem se encontra em permanente *disponibilidade* a tocar e a ser tocado, a perguntar e a responder, a concordar e a discordar. Disponibilidade à vida e a seus contratempos. Estar disponível é estar sensível aos chamamentos que nos chegam, aos sinais mais diversos que nos apelam, ao canto do pássaro, à chuva que cai ou que se anuncia na nuvem escura, ao riso manso da inocência, à cara carrancuda da desaprovação, aos braços que se abrem para acolher ou ao corpo que se fecha na recusa. É na minha disponibilidade permanente à vida a que me entrego de corpo inteiro, pensar crítico, emoção, curiosidade, desejo, que vou aprendendo a ser eu mesmo em minha relação com o contrário de mim. E, quanto mais me dou à experiência de lidar sem medo, sem preconceito, com as diferenças, tanto melhor me conheço e construo meu perfil.

3.8 ENSINAR EXIGE DISPONIBILIDADE PARA O DIÁLOGO

Nas minhas relações com os outros, que não fizeram necessariamente as mesmas opções que fiz, no nível da política, da ética, da estética, da pedagogia, nem posso partir de que devo "conquistá-los", não importa a que cus-

ensinar exige

dispo nibili DADE para o diálogo

Paulo Freire

to, nem tampouco temo que pretendam "conquistar-me". É no respeito às diferenças entre mim e eles ou elas, na coerência entre o que faço e o que digo, que me encontro com eles ou com elas. É na minha *disponibilidade* à realidade que construo a minha segurança indispensável à própria *disponibilidade*. É impossível viver a *disponibilidade* à realidade sem segurança, mas é impossível também criar a segurança fora do *risco* da *disponibilidade*.

Como professor não devo poupar oportunidade para testemunhar aos alunos a segurança com que me comporto ao discutir um tema, ao analisar um fato, ao expor minha posição em face de uma decisão governamental. Minha segurança não repousa na falsa suposição de que sei tudo, de que sou o "maior". Minha segurança se funda na convicção de que sei algo e de que ignoro algo a que se junta a certeza de que posso saber melhor o que já sei e conhecer o que ainda não sei. Minha segurança se alicerça no saber confirmado pela própria experiência de que, se minha inconclusão, de que sou consciente, atesta, de um lado, minha ignorância, me abre, de outro, o caminho para conhecer.

Me sinto seguro porque não há razão para me envergonhar por desconhecer algo. Testemunhar a abertura aos outros, a disponibilidade curiosa à vida, a seus desafios são saberes necessários à prática educativa. Viver a abertura respeitosa aos outros e, de quando em vez, de acordo com o momento, tomar a própria prática de abertura ao outro como objeto da reflexão crítica deveriam fazer parte da aventura docente. A razão ética da *abertura*, seu fundamento político, sua referência pedagógica; a boniteza que há nela como viabilidade do diálogo. A experiência da abertura como experiência fundante do ser inacabado que terminou por se saber inacabado. Seria impossível saber-se inacabado e não se abrir ao mundo e aos outros à procura de explicação, de respostas a múltiplas perguntas.

Aceitar e respeitar a diferença é uma dessas virtudes sem o que a escuta não se pode dar. Se discrimino o menino ou menina pobre, a menina ou o menino negro, o menino índio, a menina rica; se discrimino a mulher, a camponesa, a operária, não posso evidentemente escutá-los, e, se não os escuto, não posso falar *com* eles, mas a eles, de *cima para baixo*. Sobretudo, me proíbo entendê-los. Se me sinto superior ao diferente, não importa quem seja, recuso *escutá-lo* ou *escutá-la*. O diferente não é o *outro* a merecer respeito, é um *isto* ou *aquilo*, destratável ou desprezível.

O fechamento ao mundo e aos outros se torna transgressão ao impulso natural da incompletude.

O sujeito que se abre ao mundo e aos outros inaugura com seu gesto a relação dialógica em que se confirma como inquietação e curiosidade, como inconclusão em permanente movimento na história.

Certa vez, numa escola da rede municipal de São Paulo, que realizava uma reunião de quatro dias com professores e professoras de dez escolas da área para planejar em comum suas atividades pedagógicas, visitei uma sala em que se expunham fotografias das redondezas da escola. Fotografias de ruas enlameadas, de ruas bem-postas também. Fotografias de recantos feios que sugeriam tristeza e dificuldades. Fotografias de corpos andando com dificuldade, lentamente, alquebrados, de caras desfeitas, de olhar vago. Um pouco atrás de mim dois professores faziam comentários em torno do que lhes tocava mais de perto. De repente, um deles afirmou: "Há dez anos ensino nesta escola. Jamais conheci nada de sua redondeza além das ruas que lhe dão acesso. Agora, ao ver esta exposição[25] de fotografias que nos revelam um pouco de seu contexto, me convenço de quão precária deve ter sido a minha tarefa formadora durante todos estes anos. Como ensinar, como formar sem estar aberto ao contorno geográfico, social, dos educandos?"

A formação dos professores e das professoras devia insistir na constituição deste saber necessário e que me faz certo desta coisa óbvia, que é a importância inegável que tem sobre nós o contorno ecológico, social e econômico em que vivemos. E ao saber teórico desta influência teríamos que juntar o saber teórico-prático da realidade concreta em que os professores trabalham. Já sei, não há dúvida, que as condições materiais em que e sob que

---

25. As fotos que compunham a exposição haviam sido feitas por um grupo de professoras da área.

vivem os educandos lhes condicionam a compreensão do próprio mundo, sua capacidade de aprender, de responder aos desafios. Preciso, agora, saber ou abrir-me à realidade desses alunos com quem partilho a minha atividade pedagógica. Preciso tornar-me, se não absolutamente íntimo de sua forma de estar sendo, no mínimo, menos estranho e distante dela. E a diminuição de minha estranheza ou de minha distância da realidade hostil em que vivem meus alunos não é uma questão de pura geografia. Minha abertura à realidade negadora de seu projeto de gente é uma questão de real adesão de minha parte a eles e a elas, a seu direito de ser. Não é me mudando para uma favela que provarei a eles e a elas minha verdadeira solidariedade política, sem falar ainda na quase certa perda de eficácia de minha luta em função da mudança mesma. O fundamental é a minha decisão ético-política, minha vontade nada piegas de intervir no mundo. É o que Amílcar Cabral chamou "suicídio de classe" e a que me referi, na *Pedagogia do oprimido*, como *páscoa* ou *travessia*. No fundo, diminuo a distância que me separa das condições malvadas em que vivem os explorados, quando, aderindo realmente ao sonho de justiça, luto pela mudança radical do mundo e não apenas espero que ela chegue porque se disse que chegará. Diminuo a distância entre mim e a dureza de vida dos explorados não com discursos raivosos, sectários, que só não são ineficazes porque dificultam mais ainda a minha comunicação com os oprimidos. Com relação a meus alunos, diminuo a distância que me separa de suas condições negativas de vida na medida em que os ajudo a *aprender* não importa que saber, o do torneiro ou o do cirurgião, com vistas à mudança do mundo, à superação das estruturas injustas, jamais com vistas a sua imobilização.

O saber alicerçante da travessia na busca da diminuição da distância entre mim e a perversa realidade dos explorados é o saber fundado na ética de que nada legitima a exploração dos homens e das mulheres pelos homens mesmos ou pelas mulheres. Mas este saber não basta. Em primeiro lugar, é preciso que ele seja permanentemente tocado e empurrado por uma calorosa paixão que o faz quase um saber arrebatado. É preciso também que a ele se somem saberes outros da realidade concreta, da força da ideologia; saberes técnicos, em diferentes áreas, como a da comunicação. Como desocultar verdades escondidas, como desmistificar a farsa ideológica, espécie de arapuca atraente em que facilmente caímos. Como enfrentar o extraordinário poder da mídia, da linguagem da televisão, de sua "sintaxe" que reduz a um mesmo plano o passado e o presente e sugere que o que ainda não há já está feito. Mais ainda, que diversifica temáticas no noticiário sem que haja tempo para a reflexão sobre os variados assuntos. De uma notícia sobre Miss Brasil se passa a um terremoto na China; de um escândalo envolvendo mais um banco dilapidado por diretores inescrupulosos temos cenas de um trem que descarrilou em Zurique.

O mundo encurta, o tempo se dilui: o ontem vira agora; o amanhã já está feito. Tudo muito rápido.

Debater o que se diz, o que se mostra e como se mostra na televisão me parece algo cada vez mais importante.

Como educadores e educadoras progressistas não apenas não podemos desconhecer a televisão, mas devemos usá-la, sobretudo discuti-la.

Não temo parecer ingênuo ao insistir não ser possível pensar sequer em televisão sem ter em mente a questão da consciência crítica. É que pensar em televisão ou na mídia em geral nos põe o problema da comunicação, processo impossível de ser neutro. Na verdade, toda comunicação é comunicação de algo, feita de certa maneira em favor ou na defesa, sutil ou explícita, de algum ideal contra algo e contra alguém, nem sempre claramente referido. Daí também o papel apurado que joga a ideologia na comunicação, ocultando verdades mas também a própria ideologização no processo comunicativo. Seria uma santa ingenuidade esperar de uma emissora de televisão do grupo do poder dominante que, noticiando uma greve de metalúrgicos, dissesse que seu comentário se funda nos interesses *patronais*. Pelo contrário, seu discurso se esforçaria para convencer que sua análise da greve leva em consideração os *interesses da nação*.

Não podemos nos pôr diante de um aparelho de televisão "entregues" ou "disponíveis" ao que vier. Quanto mais nos sentamos diante da televisão — há situações de exceção, como quem, em férias, se abre ao puro repouso e entretenimento — tanto mais risco corremos de tropeçar na compreensão de fatos e de acontecimentos. A postura crítica e desperta nos momentos necessários não pode faltar.

O poder dominante, entre muitas, leva mais uma vantagem sobre nós. É que, para enfrentar o ardil ideológico de que se acha envolvida a sua mensagem na mídia, seja nos noticiários, nos comentários aos acontecimentos ou na linha de certos programas, para não falar na propaganda comercial, nossa mente ou nossa curiosidade teria de funcionar *epistemologicamente* todo o tempo. E isso não é fácil. Mas, se não é fácil estar permanentemente em estado de alerta, é possível saber que, não sendo um demônio que nos espreita para nos esmagar, o televisor diante do qual nos achamos não é tampouco um instrumento que nos salva. Talvez seja melhor contar de um a dez antes de fazer a afirmação categórica a que Wright Mills[26] se refere: "É verdade, ouvi no noticiário das vinte horas."

---

26. Wright Mills, *La élite del poder*. México: Fondo de Cultura Económica, 1945.

O melhor caminho para guardar viva e desperta a minha capacidade de pensar certo, de ver com acuidade, de ouvir com respeito, por isso de forma exigente, é me deixar exposto às diferenças, é recusar posições dogmáticas, em que me admita como proprietário da verdade.

3.9 ENSINAR EXIGE QUERER BEM AOS EDUCANDOS

E que dizer, mas sobretudo que esperar de mim, se, como professor, não me acho tomado por este outro saber, o de que preciso estar aberto ao gosto de querer bem, às vezes, à coragem de querer bem aos educandos e à própria prática educativa de que participo. Esta abertura ao querer bem não significa, na verdade, que, porque professor, me obrigo a querer bem a todos os alunos de maneira igual. Significa, de fato, que a afetividade não me assusta, que não tenho medo de expressá-la. Significa esta abertura ao querer bem a maneira que tenho de autenticamente selar o meu compromisso com os educandos, numa prática específica do ser humano. Na verdade, preciso descartar como falsa a separação radical entre *seriedade docente* e *afetividade*. Não é certo, sobretudo do ponto de vista democrático, que serei tão melhor professor quanto mais severo, mais frio, mais distante e "cinzento" me ponha nas minhas relações com os alunos no trato dos objetos cognoscíveis que devo ensinar. A afetividade não se acha excluída da cognoscibilidade. O que não posso obviamente permitir é que minha afetividade interfira no cumprimento ético de meu dever de professor, no exercício de minha autoridade. Não posso condicionar a avaliação do trabalho escolar de um aluno ao maior ou menor bem-querer que tenha por ele.

A minha abertura ao querer bem significa a minha disponibilidade à alegria de viver. Justa alegria de viver que, assumida plenamente, não permite que me transforme num ser "adocicado" nem tampouco num ser arestoso e amargo.

A atividade docente de que a discente não se separa é uma experiência alegre por natureza. É falso também tomar como inconciliáveis seriedade docente e alegria, como se a alegria fosse inimiga da rigorosidade.

ensinar exige
QUERER BEM AOS EDUCANDOS

Paulo Freire

Pelo contrário, quanto mais metodicamente rigoroso me torno na minha busca e na minha docência tanto mais alegre me sinto e esperançoso também. A alegria não chega apenas no encontro do achado, mas faz parte do processo da busca. E ensinar e apráder não podem dar-se fora da procura, fora da boniteza e da alegria. O desrespeito à educação, aos educandos, aos educadores e às educadoras corrói ou deteriora em nós, de um lado, a sensibilidade ou a abertura ao bem-querer da própria prática educativa, de outro, a alegria necessária ao *quefazer* docente. É digna de nota a capacidade que tem a experiência pedagógica para despertar, estimular e desenvolver em nós o gosto de querer bem e o gosto da alegria, sem a qual a prática educativa perde o sentido. É esta força misteriosa, às vezes chamada *vocação*, que explica a quase devoção com que a grande maioria do magistério nele permanece, apesar da imoralidade dos salários. E não apenas permanece, mas cumpre, como pode, seu dever. Amorosamente, acrescento. Mas é preciso, sublinho, que, permanecendo e amorosamente cumprindo o seu dever, não deixe de lutar politicamente por seus direitos e pelo respeito à dignidade de sua tarefa, assim como pelo zelo devido ao espaço pedagógico em que atua com seus alunos.

É preciso, por outro lado, reinsistir em que não se pense que a prática educativa vivida com afetividade e alegria prescinda da formação científica séria e da clareza política dos educadores ou educadoras. A prática educativa é tudo isso: afetividade, alegria, capacidade científica, domínio técnico a serviço da mudança ou, lamentavelmente, da permanência do hoje.

É exatamente esta permanência do hoje neoliberal que a ideologia contida no discurso da "morte da história" propõe. Permanência do hoje a que o futuro desproblematizado se reduz. Daí o caráter desesperançoso, fatalista, antiutópico de uma tal ideologia em que se forja uma educação friamente *tecnicista* e se requer um educador exímio na tarefa de acomodação ao mundo e não na de sua transformação. Um educador com muito pouco de formador, com muito mais de *treinador*, de *transferidor* de saberes, de *exercitador de destrezas*.

Os saberes de que este educador "pragmático" necessita na sua prática não são os de que venho falando neste livro. A mim não me cabe falar deles, os saberes necessários ao educador "pragmático" neoliberal, mas denunciar sua atividade anti-humanista.

Outro saber de que o educador progressista precisa estar convencido como de suas consequências é o de ser o seu trabalho uma especificidade humana. Já vimos que a condição humana fundante da educação é precisamente a inconclusão de nosso ser histórico de que nos tornamos conscientes. Nada que diga respeito ao ser humano, à possibilidade de seu aperfeiçoamento físico e moral, de sua inteligência sendo produzida e desafiada, os obstáculos a seu crescimento, o que possa fazer em favor da boniteza do mundo como de seu enfeamento, a dominação a que esteja sujeito, a liberdade por que deve lutar, nada que diga respeito aos homens e às mulheres pode passar despercebido pelo educador progressista. Não importa com que faixa etária trabalhe o educador ou a educadora. O nosso é um trabalho realizado com gente, miúda, jovem ou adulta, mas gente em permanente processo de busca. Gente formando-se, mudando, crescendo, reorientando--se, melhorando, mas, porque gente, capaz de negar os valores, de distorcer-se, de recuar, de transgredir. Não sendo superior nem inferior a outra prática profissional, a minha, que é a prática docente, exige de mim um alto nível de responsabilidade ética de que a minha própria capacitação científica faz parte. É que lido com gente. Lido, por isso mesmo, independentemente do discurso ideológico negador dos sonhos e das utopias, com os sonhos, as utopias e os desejos, as frustrações, as intenções,

138

as esperanças tímidas, às vezes, mas, às vezes, fortes, dos educandos. Se não posso, de um lado, estimular os sonhos impossíveis, não devo, de outro, negar a quem sonha o direito de sonhar. Lido com gente e não com coisas. E porque lido com gente, não posso, por mais que inclusive me dê prazer entregar-me à reflexão teórica e crítica em torno da própria prática docente e discente, recusar a minha atenção dedicada e amorosa à problemática mais pessoal deste ou daquele aluno ou aluna. Desde que não prejudique o tempo normal da docência, não posso fechar-me a seu sofrimento ou a sua inquietação porque não sou terapeuta ou assistente social. Mas sou gente. O que não posso, por uma questão de ética e de respeito profissional, é pretender passar por terapeuta. Não posso negar a minha condição de gente de que se alonga, pela minha abertura humana, uma certa dimensão terápica.

É convencido disto que, desde jovem, sempre marchei de minha casa para o espaço pedagógico onde encontro os alunos, com quem comparto a prática educativa. Foi sempre como prática de gente que entendi o *quefazer* docente. De gente inacabada, de gente curiosa, inteligente, de gente que pode saber, que pode por isso ignorar, de gente que, não podendo *passar* sem ética, se tornou contraditoriamente capaz de transgredi-la. Mas, se nunca idealizei a prática educativa, se em tempo algum a vi como algo que, pelo menos, parecesse com um *quefazer* de anjos, jamais foi fraca em mim a certeza de que vale a pena lutar contra os descaminhos que nos obstaculizam de *Ser Mais*.

Naturalmente, o que de maneira permanente me ajudou a manter esta certeza foi a compreensão da história como possibilidade e não como determinismo, de que decorre necessariamente a importância do papel da subjetividade na história, a importância da capacidade de comparar, de analisar, de avaliar, de decidir, de romper, e, por isso tudo, a importância da ética e da política.

É esta percepção do homem e da mulher como seres "programados, mas para aprender" e, portanto, para ensinar, para conhecer, para intervir, que me faz entender a prática educativa como um exercício constante em favor da produção e do desenvolvimento da autonomia de educadores e educandos. Como prática estritamente humana jamais pude entender a educação como uma experiência fria, sem alma, em que os sentimentos e as emoções, os desejos, os sonhos devessem ser reprimidos por uma espécie de ditadura racionalista. Nem tampouco jamais compreendi a prática educativa como uma experiência a que faltasse o rigor em que se gera a necessária disciplina intelectual.

Estou convencido, porém, de que a rigorosidade, a séria disciplina intelectual, o exercício da curiosidade epistemológica não me fazem necessariamente um ser mal-amado, arrogante, cheio de mim mesmo. Ou, em outras palavras, não é a minha arrogância intelectual a que fala de minha rigorosidade científica. Nem a arrogância é sinal de competência nem a competência é causa de arrogância. Não nego a competência, por outro lado, de certos arrogantes, mas lamento neles a ausência de simplicidade que, não diminuindo em nada seu saber, os faria gente melhor. Gente mais gente.

A alegria não chega apenas no encontro do achado, mas faz parte do processo da busca. E ensinar e aprender não podem dar-se fora da procura, fora da boniteza e da alegria.

Este livro foi composto na tipografia Source Serif Variable,
em corpo 12/15, e impresso em papel off-set 90g/m^2
na Gráfica Geográfica, no ano em que Paulo Freire
completaria 100 anos.